WHITE EAGLE

# Die Meister als Boten des Lichtes
## Das Bewusstsein einer neuen Zeit

WHITE EAGLE

# DIE MEISTER ALS BOTEN DES LICHTES

## DAS BEWUSSTSEIN EINER NEUEN ZEIT

*Aquamarin Verlag*

Kontaktadressen:
Deutschland:
White Eagle Centre Deutschland e.V.
Annemarie Libera
Schraystr. 3 • D-82110 Germering
Tel.: 089/ 841 77 90 • Fax: 089/ 840 060 38
e-mail: white-eagle-muc@t-online.de
www.whiteeagle.de

Schweiz:
Stern-Zentrum der White Eagle Lodge
Carol Sommer
Dorfbergstr. 14 • CH-3550
Tel. und Fax: (0041) (0)34/ 402 36 36
e-mail: whiteagle.schweiz@tiscali.ch

1. Auflage 2003
© Aquamarin Verlag • Grafing

Titel der Originalausgabe: The Light Bringer
© White Eagle Publication Trust 2001

Übersetzung aus dem Englischen: Dr. Edith Zorn

Umschlaggestaltung unter Verwendung
eines Gemäldes von Heita Copony: Annette Wagner
Druck: Bercker • Kevelaer

ISBN 3-89427-228-7

# INHALT

# EINFÜHRUNG

# EIN NEUER MEISTER
# FÜR EIN NEUES ZEITALTER

*Einer von seinen Jüngern lag an Jesu Brust,*
*der, den Jesus lieb hatte.*
Joh. 13, 23

Die Vorstellung, dass zum gegenwärtigen Zeitpunkt in der Geschichte ein neues Zeitalter beginnt, ist durchaus begründet und ergibt sich aus der astrologischen Stellung der Tierkreiszeichen in Bezug auf die Erde und der scheinbaren Vorwärtsbewegung der Sternbilder. Etwa alle zweitausend Jahre, einer Periode des so genannten Vorrückens der Tag- und Nachtgleichen, gerät die Erde unter den Einfluss eines neuen Sternbildes. Im Augenblick sind wir im Begriff, das Fische-Zeitalter zu verlassen und in das Wassermann-Zeitalter einzutreten. Viele verbinden diese Vorstellung mit dem Gedanken an einen großen Lehrer, der die neue Epoche einleiten wird, so wie im Fische-Zeitalter Jesus Christus auftrat.

White Eagle spricht von einem Meister oder Weltlehrer für die kommende Epoche. Er behauptet aber nicht, dass dieser Jesus Christus ersetzt und wertet auch die anderen großen Weltlehrer, wie Buddha oder Mohammed, in keiner Weise ab. Für ihn bedeutet die Bezeichnung „der Christus", einen Sohn (oder eine Tochter) Gottes, ein Bewusstsein, das in uns allen ruht. Es ist die Gegenwart des Christus in einem Lehrer, die ihn zu einem großen Lehrer, einem Weltlehrer macht. Dieser Tatsache entspringt die wunderbare Zuversicht, die diese Lehre vermittelt, das Empfinden, dass auch wir die Meisterschaft erringen können, wenn wir den Christus in uns aufblühen und sich entfalten lassen. Dann erreichen auch wir eine Ebene, auf der wir nicht mehr sterben, sondern das Rad der

Wiedergeburt hinter uns liegt. „Jeder ist sein eigener Erlöser, und jeder ist der Erlöser der gesamten Menschheit", heißt es bei White Eagle.

Auf der Ebene ihres Wirkens, jenseits des Rades der Wiedergeburt, wird die Trennung der Meister in ihre Persönlichkeiten unnötig. Der Wunsch nach persönlicher Identifikation ist sehr „irdisch". Dem Lehrer des neuen Zeitalters gibt White Eagle den Namen „Johannes", den er mitunter höchst feinsinnig mit der irdischen Persönlichkeit des „Jüngers, den Jesus liebte", verknüpft.

Über den neuen Weltlehrer und das Wassermann-Zeitalter begann er in der Mitte des zwanzigsten Jahrhunderts zu sprechen, als der Begriff „neues Zeitalter" noch nicht so stark beansprucht wurde, wie dies heute der Fall ist. Er erhebt kein persönliches Anrecht auf seine Äußerungen (er bezeichnet sich lediglich als Sprachrohr), aber seine Lehre erhebt einen Anspruch für uns alle. Auch wenn wir die Herausforderung nicht bewusst auf uns nehmen, ist es unser Geburtsrecht, unsere geistigen Sinne im Einklang mit dem geistigen Gesetz allmählich zu entfalten, bis wir uns aufgrund persönlicher Anstrengung ein Goldenes Zeitalter erschaffen, in dem der Himmel auf Erden herrscht.

Manche mögen darin eine romantische Vorstellung sehen, während andere sich umblicken und den Wandel erkennen, der sich in den unterschiedlichen Bemühungen abzuzeichnen beginnt, das Leben auf dem Planeten als ein Ganzes zu sehen und es zu achten. Dieser Wandel zeigt sich auch in der wissenschaftlichen Forschung und Entdeckung, in der zunehmend mystischer werdenden Annäherung an die Ursubstanz des Seins von seiten der Wissenschaft sowie in Sozialentwürfen, die die Menschen in Brüderlichkeit und Chancengleichheit zusammenführen.

White Eagles liebevolle Worte wirken beruhigend und schenken Einsicht. Sie bringen denjenigen Hoffnung, die schmerzliche Veränderungen für die Erde fürchten. Seine Aussagen über die Zukunft und den kommenden Lehrer umspannen eine lange Lehrperiode. Ihre sorgfältige Zusammenstellung dient dazu, den Gedankengang möglichst einfach zu gestalten.

Zu den veröffentlichten Büchern über die Lehre White Eagles gehört eine umfassende Erläuterung des Johannes-Evangeliums, erschienen unter dem Titel *Die verborgene Weisheit des Johannes-Evangeliums*. Sie begleitet die vorliegenden Ausführungen. Im Vorwort dieser Schrift wird der Hintergrund zu den Umständen kurz beleuchtet, unter denen die Lehren gegeben wurden. Es beschreibt die Vision des heiligen Johannes, die Grace Cooke, dem Medium White Eagles, im Juli 1931 in den Pyrenäen zuteil wurde. *Die verborgene Weisheit des Johannes-Evangeliums* und dieses Buch nebeneinander zu lesen, hilft, Johannes selbst als Lehrer zu erkennen. Sein Evangelium unterscheidet sich erheblich von dem des Matthäus, Markus oder Lukas. Den Gelehrten zufolge versenkt es sich in Philosophien, die den Griechen ebenso nahe standen wie den Landsleuten Jesu. Der Überlieferung nach zeigt es eine gewisse Verwandtschaft mit hinduistischen Vorstellungen. Der Wortlaut wird aber Jesus zugeschrieben, und man muss sich stets die Frage nach dem besonderen Verständnis stellen, das Johannes berechtigte, die Worte Jesu in dieser Weise wiederzugeben.

Diese Frage lassen wir für den Augenblick im Raum stehen, da sich ihre Beantwortung teilweise aus der vorliegenden Thematik ergeben wird. Worauf baut White Eagle selbst seine Gewissheit in Bezug auf den neuen Meister; worauf gründet er sein persönliches Verständnis?

Der Name „White Eagle" stammt aus der Zeit der nordamerikanischen Urbevölkerung und bedeutet "weiser Lehrer". Der *weiße Adler* (bei dem es sich nicht um eine besondere Gattung handelt) besitzt unter anderem die einzigartige Fähigkeit, der Sonne direkt entgegenzufliegen. Dieser unerschrockene Flug der Sonne – der Wahrheit, Gott – entgegen, ist für viele Leser das Unterscheidungsmerkmal White Eagles selbst. Im Christentum versinnbildlicht der weiße Adler den Evangelisten Johannes, vergleichbar mit dem Symbol des Löwen für Markus, des Stiers für Lukas und des Menschen für Matthäus. Mit anderen Worten, durch die Wahl seines Namens verbindet sich White Eagle mit dem hl. Johannes oder zumindest mit, wie er es nennt, dem „Strahl des hl. Johannes". Er erklärt, er spreche im Namen einer Gruppe und weniger als eigenständiger Lehrer. „White Eagle ist – sollen wir vermuten? – ein Zeichen, ein Einfluss, ein Strahl, eine Gruppe", meinte er. Der Strahl des Johannes leuchtet durch dieses Buch, auch ohne dass White Eagle den Anspruch erheben würde, der Lehrer zu sein.

Die nach seinen Anweisungen im Jahre 1936 gegründete White Eagle Gemeinschaft entstand durch das Wirken „hinter den Kulissen" von erleuchteten Lehrern, die der sechsstrahlige Stern versinnbildlicht. In vorliegendem Buch werden sie als die „Sternbruderschaft" bezeichnet. Dieser Name unterscheidet sich nicht von dem alten Begriff der „weißen Bruderschaft", wird aber weniger leicht missverstanden. Die Hauptarbeit der Gemeinschaft besteht darin, das universelle, heilende Christuslicht in die Welt hinauszusenden, indem der sechsstrahlige Stern als Brennpunkt dient.

White Eagle erklärt: „Ihr alle seid Sterne. Der Stern verkündete das Kommen Jesu, des großen Weltlehrers, auf diese Erde. Es bedurfte des gesamten Fische-Zeitalters, das er einleitete, um die Menschheit dahin zu führen, die Bedeutung des Sterns zu verstehen. Nun habt ihr den Pfad des Wassermann-Zeitalters betreten und erkennt den Stern allmählich als das Symbol der Bruderschaft, das Symbol der Epoche des Wassermanns, von der der Meister Jesus sprach, als er seine Jünger anwies, dem Mann mit dem Wasserkrug zu folgen – dem Mann, der das Wasser des Geistes über diejenigen ausgießt, die dem Stern folgen, über alle, die bereit sind zu empfangen." An anderer Stelle heißt es: „Der Stern von Bethlehem, den wir anbeten und grüßen und vor dem wir niederknien…ist der Grundton menschlichen Glücks."*

In diesem Buch soll der Versuch unternommen werden zu zeigen, wie der Strahl des Johannes alle Herzen berührt und diejenigen Eigenschaften in uns anregt, die mit fortschreitendem Zeitalter des Geistes

---

* Die Zitate stammen aus den White Eagle Büchern *Geistige Jahreszeiten* und *Das Jesus-Buch*. Kapitel sechs, Abschnitt sechs in *Unser geistiger Bruder spricht* handelt über dasselbe Thema.

stärker in Erscheinung treten werden. Dieser Strahl hilft uns, Himmel und Erde zu verbinden, auf der Erde selbst und in unserem Innern, und uns emotional, mental, physisch und psychisch dem Geist mehr zu öffnen – zu lernen, in Gruppen sowie mit dem Natur- und Engelreich harmonischer zusammenzuarbeiten. Dadurch lernen wir auch, die Chakras zu entfalten und das Sonnenfeuer zu wecken, wie White Eagle es nennt, indem wir das Herz-Chakra als Brennpunkt im Dienst an allem Leben einsetzen. Der Strahl des Johannes soll im Handeln und Dienen seinen Ausdruck finden. Darin liegt unsere Zukunft. Wann sie beginnt, hängt von uns ab.

## ERLÄUTERUNG EINIGER BEGRIFFE

*Der Christus*
Wenn White Eagle von „dem Christus" spricht, meint er den universellen Geist der Liebe, der in jedem von uns ruht, jener Aspekt unseres Seins, der ewig und vollkommen ist. Unter dem Christus versteht man auch ein körperloses Wesen, das durch die Sonne versinnbildlicht wird – unsere Verbindung mit dem großen Geist (dem Vater-Mutter-Gott, Allah oder Jehovah) – und den „Sohn" (eigentlich Sohn-Tochter) Gottes in uns; die Christus-Gegenwart im Innern macht uns zu Söhnen und Töchtern Gottes. White Eagle spricht von einem geschlechtslosen Wesen. Obwohl der historische „Jesus" diesen Christus-Geist am reinsten verkörperte, sind weder Gott, noch Christus, noch die Gruppe der so genannten „Meister" auf das männliche Geschlecht beschränkt.

*Johannes*
Mit Johannes (dem „Lichtbringer", „Lichtträger", „dem Goldenen Einen" oder „Johannes, dem Mystiker") ist der Jünger Jesu, der Evangelist, nicht Johannes der Täufer gemeint. White Eagle spricht an einer Stelle davon, dass sich Johannes mehrmals auf der Erde manifestiert habe. „Er ist der Vorläufer, die erhabene Wesenheit, die dieser neuen Offenbarung

11

der Wahrheit so nahe steht, die die Menschheit zu einem Zeitpunkt empfangen wird, die der Herr bestimmt. Du arbeitest mit dem großen Bahn-
brecher, dem Lichtbringer. Er trägt eine strahlende Rüstung.“

## Bruderschaft
Der Einfachheit halber wird in den einzelnen Kapiteln nur der Begriff
„Bruderschaft“ verwendet, umfasst aber Brüder und Schwestern. Mit
dem Wort „Brüder“ werden nicht nur Männer bezeichnet, sondern ganz
allgemein geistige Gefährten.

## Meister
Das Wesen des „Meisters“ wird im Buch beschrieben; an dieser Stelle soll
lediglich bemerkt werden, dass man darunter jemanden versteht, der die
Meisterschaft über alle Elemente des Lebens errungen hat. White Eagle
spricht auch von Engeln und Führern; seiner Aussage zufolge hat jeder
von uns einen persönlichen „Meister“ oder „Lehrer“ und „Engelführer“.

## Das neue Zeitalter
White Eagle spricht sowohl vom beginnenden Wassermann-Zeitalter als
auch von dem Goldenen Zeitalter, der Zeit, in der Christus in all seiner
Herrlichkeit erscheint und wir in die *goldene Stadt* einziehen. Obwohl
ein zeitlicher Unterschied besteht, kommt es ihm wohl darauf an zu
erkennen, dass wir uns durch unsere eigene Gedankenkraft tatsächlich
ein Goldenes Zeitalter erschaffen und es keinen besseren Zeitpunkt gibt,
um damit anzufangen, als der Beginn eines neuen astrologischen Zeitalters. Beide Bereiche lassen sich nicht völlig voneinander trennen.

## Ein Meister des neuen Zeitalters
Dieser Aspekt und die Frage nach White Eagles Einstellung zu Johannes
lassen sich wohl am besten durch einen Vergleich mit der buddhistischen
Vorstellung des Bodhisattva erläutern. Der Bodhisattva befindet sich auf
dem Weg zur Buddhaschaft, gelobt aber, den Schöpfungszyklus nicht

eher zu verlassen, als bis alle Wesen Erleuchtung erlangt haben. Auf diese Weise wirken auf höchster Ebene fortwährend hochentwickelte Seelen. Jeder von uns besitzt die Möglichkeit, zu dieser Ebene aufzusteigen, wenn unser Handeln von dem gleichen Gelübde, dienen zu wollen, bestimmt wird. Dieses Buch schließt mit White Eagles Grundsatz, allem Leben zu dienen. Seine Lehre und die des Buddhismus unterscheiden sich zwar, aber das Bodhisattva-Ideal mag zum Verständnis seiner Gedanken beitragen.

*Bibel- und andere Zitate*
Die Übersetzung der Bibelzitate erfolgte nach der Zürcher Bibel, Zürich 1971. Die Zitate stehen am Anfang eines jeden Kapitels. Sie enthalten die grundlegenden Gedanken des jeweiligen Kapitels und sollten als zum Text gehörig betrachtet werden.

# I

# DIE LEHRER UND IHRE ARBEIT

*Einer von seinen Jüngern lag an Jesu Brust, der, den Jesus lieb hatte.*
Joh. 13, 23

*Und ihr werdet die Wahrheit erkennen,*
*und die Wahrheit wird euch freimachen.*
Joh. 8, 32

*Wenn ihr mich liebt, werdet ihr meine Gebote halten, und ich werde den*
*Vater bitten, und er wird euch einen anderen Beistand geben, damit er in*
*Ewigkeit bei euch sei, den Geist der Wahrheit, den die Welt nicht empfangen*
*kann, weil sie ihn nicht sieht und nicht erkennt. Ihr erkennt ihn, weil er bei*
*euch bleibt und in euch sein wird.*
*Ich werde euch nicht verwaist zurücklassen; ich komme zu euch.*
Joh. 14, 15-18

*Wiederum schreibe ich euch ein neues Gebot, und das ist wahr bei ihm und*
*bei euch; denn die Finsternis vergeht und das wahre Licht scheint schon.*
*Wer sagt, er sei im Lichte, und seinen Bruder hasst, ist in der Finsternis bis*
*auf den heutigen Tag.*
*Wer seinen Bruder liebt, bleibt im Lichte,*
*und nichts Anstößiges ist an ihm.*
*Wer aber seinen Bruder hasst, ist in der Finsternis und wandelt in der*
*Finsternis und weiß nicht, wohin er geht;*
*denn die Finsternis hat seine Augen blind gemacht.*
1. Johannesbrief 2, 8-11

*Und ich sah einen neuen Himmel und eine neue Erde; denn der erste Himmel und die erste Erde sind verschwunden, und das Meer ist nicht mehr. Und ich sah die heilige Stadt, das neue Jerusalem, von Gott her aus dem Himmel herabkommen, gerüstet wie eine Braut, die für ihren Mann geschmückt ist.*

Offenbarung 21, 1-2

Wir kommen zu euch unter dem Namen White Eagle, sprechen aber im Namen einer großen Gemeinschaft von Lichtwesen, Engeln und erleuchteten Seelen, die manchmal auch "Sternbruderschaft" genannt wird.

Wir nennen uns White Eagle, da wir die Botschaft des Johannes, des Lieblingsjüngers Jesu, verkünden. Johannes ist der Lichtbringer. White Eagle ist ein bescheidener Diener, der weiße Adler aber versinnbildlicht den Johannes, den Lehrer des Wassermann-Zeitalters. Das Licht wird allmählich auf eurer Erde geboren werden. Viele Lehrer steigen aus den höheren Sphären des Lebens hernieder und bringen die gleiche Botschaft.

Es ist eine sehr einfache Botschaft; die Botschaft, die Jesus seinen Jüngern hinterließ – *liebet einander.*

Im Laufe zahlreicher Inkarnationen haben wir in der Persönlichkeit gewirkt, in die wir uns kleiden, wenn wir physische Form annehmen, um den Männern und Frauen die Bruderschaft allen Lebens nahe zu bringen, damit das Königreich Gottes auf Erden eintreten möge. Dies kann aber nur geschehen, wenn Männer und Frauen entdeckt haben, dass das Licht des Christus-Geistes, das Christuslicht, das als Samenkorn in jeden Einzelnen gelegt wurde, in ihrer eigenen Seele ruht.

Jesus sprach von dem kommenden Tröster, durch den ihr die Wahrheit erkennen werdet, die euch freimachen wird. Dieser Tröster ist das innere Licht, das wir Liebe nennen; es ist die Liebe, die Christus, das höchste Licht der Menschheit, der Erde brachte. Ihr besitzt die Kraft, dieses Christuslicht im Herzen eurer Brüder und Schwestern wirken zu sehen. Sucht nach der sanften Liebe des Christus in euren Brüdern und Schwestern, und wenn ihr sie nicht sofort entdecken könnt, gebt euch

Mühe, sie dennoch zu lieben, und sie werden mit der Zeit darauf antworten. Dies ist das Gesetz der Bruderschaft - nach Liebe Ausschau zu halten, in jeder Weise Liebe zu schenken; rein und liebenswürdig zu leben, Mutter Erde rücksichtsvoll und aufmerksam zu behandeln, alles Leben zu achten und nicht das Blut irgendeines Geschöpfs zu vergießen; Liebe zu geben und dem Leben zu einer höheren und schöneren Form auf Erden zu verhelfen.

So lautet der erste Teil unserer Botschaft. Der zweite besteht aus der Verheißung, die Johannes empfing und in seinem Buch der Offenbarung niederschrieb, als er von „einem neuen Himmel und einer neuen Erde" sprach. Wenn ihr diese Vision näher betrachtet, werdet ihr erkennen, dass der neue Himmel in euch selbst liegt und in eurer Seele die Kraft ruht, zu diesen höheren Reichen des Lichtes und des Lebens emporzusteigen und bewusst in die Herrlichkeit dieses Himmels einzutreten.

Ein Weltlehrer ist jemand, durch den das Licht unverdunkelt ausstrahlt. Ihr möchtet wissen, ob das Wassermann-Zeitalter einen neuen Weltlehrer haben wird. Bedenkt, dass es stets einen einzigen höchsten Sohn des Lebens gibt. Im Christentum heißt er Jesus Christus. Der Name des nächsten Weltlehrers mag Johannes Christus lauten. Das erhabene Licht kann durch jeden menschlichen Träger leuchten. Dasselbe Licht wird eines Tages durch andere Weltlehrer erstrahlen, aber auf einer höheren Lebensspirale. Es ist nicht die Person, sondern ihre Ausstrahlung durch die Zeitalter, die sie zum Weltlehrer macht.

Betrachtet daher den Weltlehrer nicht nur als ein Individuum. Während sich das Licht in seiner Herrlichkeit durch die Persönlichkeit manifestiert, wird es von dieser nicht begrenzt, sondern wirkt wie ein Sauerteig, indem es das individuelle Leben zu höheren Ebenen führt und die Schwingungen der Erde erhöht. Der Weltlehrer erscheint nicht alleine; eine solche Wesenheit erscheint in Begleitung ihrer Jünger. Zur Zeit bereiten viele den Weg des neuen Weltlehrers vor und werden von ihrem Meister eingesetzt, die Schwingungen zu erhöhen. Einige unter euch zählen vielleicht bereits zu diesen Jüngern.

In welcher Form wird der neue Weltlehrer kommen? Als Persönlichkeit? Ja, aber da das Wassermann-Zeitalter in euch allen die übersinnlichen Kräfte erwecken wird – den Schleier des Tempels niederreißt, damit ihr in die geistigen Welten, in das höhere Leben blicken könnt – folgt daraus, dass der Lehrer aus der höheren Welt kommen wird. Dazu muss er nicht unbedingt in den Körper eines Neugeborenen eintreten, sondern in einen Körper, der für eine solch erhabene Seele vorbereitet wurde. Die physische Hülle Jesu wurde viele Jahre lang vorbereitet, bis der Meister Jesus den großen Weltlehrer, der als der Christus verehrt und geliebt wird, aufnehmen konnte. Im neuen Zeitalter wird sich aus den geistigen Welten ein großes Licht auf die Menschen herabsenken. Es wird einen besonderen Lehrer geben, aber auch zahlreiche Jünger, die mit ihm oder ihr aus der Welt des Geistes arbeiten werden. Lichtströme wirken bereits auf die Menschheit ein, dass sie den neuen Weltlehrer zu erkennen vermag, der die gleiche Botschaft bringen wird.

Die „Wiederkunft Christi" regt die Seeleneigenschaften des Menschen an. Ihr könnt sie als übersinnliche Eigenschaften oder übersinnliche Kräfte bezeichnen, da sie sich auf die Psyche oder die Seele oder den feinstofflichen Körper beziehen. Es wird eine Zeit kommen, in der sich der physische Körper mit seiner niederen Schwingung allmählich wandeln und dem Seelen- oder feinstofflichen Körper gleich wird. In dem Maße, in dem Männer und Frauen ihre inneren Augen für die Welt des Lichtes öffnen, wird sich die gesamte Schwingung, die gesamte physische Substanz verändern, läutern und zum Körper eines Meisters werden.

Der Einzelne reagiert auf dieses starke geistige Licht in unterschiedlicher Weise und versteht nicht warum. Er fühlt sich von dem brennenden Wunsch vorwärts getrieben, sich durchzusetzen und die Brüderlichkeit gewaltsam einzuführen. Hinter all dieser Grobheit steht der Impuls oder die Macht des starken Lichtes des Weltlehrers.

Nur wenn der Geist im Innern geweckt und eure Augen für die Himmel geöffnet wurden, schaut ihr in der Stille eures inneren Seins den kommenden Meister. Die Wiederkunft wird weniger eine äußere als eine innere Manifestation sein. Ihr seht der Wiederkunft des Christus entgegen, denn es heißt eindeutig, dass Christus wiederkommen wird. Dies aber wird in den Herzen jedes Mannes und jeder Frau geschehen. Es ist das Erwachen des Lichtes.

Wir möchten euch zu verstehen geben, dass der Geist nicht bewegungslos, sondern stark und mächtig ist, feiner als die Substanz, feiner als die Schwingung der Erde. Er ist der Stoff des Lebens. Verspürt ein Mann oder eine Frau den Wunsch, Christus ähnlich zu werden und empfindet die Liebe Gottes, bringt er oder sie diese Kraft, diese geistige Macht in das irdische Dasein hinein. Im Alltag einer solchen Person leuchtet eine Kraft, die von anderen Menschen wahrgenommen wird, als sei in einem Raum ein Licht eingeschaltet worden. Jemand, der dieses innere Licht besitzt, trägt es mit sich, wohin er auch geht. Die Schwingung oder der Name Christi, der überall auf der Erde erklingt (denn die Schwingung ist der Name), ist die Schwingung des Lichtes, die man fühlt und sieht. Ohne das Wesen dieses Vorgangs zu verstehen, erkennen viele Leute, dass es Menschen gibt, die Heilung oder ein Licht mit zu bringen scheinen, wenn sie einen Raum betreten. Diejenigen, die das Licht bemerken, bekennen sich augenblicklich dazu. Sie verneigen sich in ihrer Seele, in ihrem Geist; sie knien vor der Schwingung des Christus, des Sohnes, nieder.

Johannes, der Lieblingsjünger, stand Jesus, der ihn beim letzten Abendmahl an seine Seite rief, während seines Wirkens von allen am nächsten. Es liegt ein tieferer Sinn darin, dass Johannes bei diesem Mahl, an dem alle Jünger teilnahmen, neben Jesus saß, bevor der Meister gekreuzigt wurde, und dass Jesus bei seinen letzten Worten am Kreuz Johannes seiner Mutter Maria anvertraute.

Im Wassermann-Zeitalter, in das die Menschheit allmählich eintritt, werden sich der Meister Jesus und der große und geliebte Johannes vereinigen. Wenn ihr das Johannes-Evangelium und die Offenbarung des Johannes sorgfältig lest, findet ihr in diesen Lehren Hinweise auf die inneren Kräfte jedes Menschen sowie symbolische Darstellungen, die sich auf die Seelenqualitäten in jedem Mann und in jeder Frau beziehen.

19

Bevor das letzte Abendmahl stattfand, wies Jesus seine auserwählten Jünger an, vor ihm in die Stadt zu gehen, um dort ein Gasthaus mit einem Raum im oberen Stockwerk zu finden; sie sollten dem Mann mit dem Wasserkrug folgen. Dieser versinnbildlichte das kommende Wassermann-Zeitalter, das nach dem Fische-Zeitalter beginnt, in dem Jesus der Menschheit eine besondere Botschaft brachte, eine einfache Botschaft der Liebe. Wenn ihr die Lehre des Jesus von Nazareth gewissenhaft studiert, werdet ihr ihre Tiefgründigkeit, aber auch ihre Einfachheit erkennen.

Jesus kam, um die Menschen zu lehren, wie sie ihr Leben innerhalb ihrer Gemeinschaften auf irdischer Ebene leben sollten. Johannes aber begann, den Leuten die Bedeutung dieser Lehre zu erklären. Nur wenn Männer und Frauen lernen, ein Leben in gegenseitiger Liebe und Brüderlichkeit zu führen, wird es ihnen allmählich möglich sein, diese Seelenqualitäten, von denen wir sprechen, jene himmlischen Kräfte, mit denen der Vater-Mutter-Gott sie ausgestattet hat, zu entfalten. Das neue Zeitalter ist das Zeitalter des Johannes – das Zeitalter der Brüderlichkeit! Das Wassermann-Zeitalter ist das Zeitalter des Mystikers Johannes.

Wir bewegen uns vorwärts, aufwärts, bis wir den Zenit des großen Zyklus erreichen, in dem der Thron Gottes erstrahlt...von dem die Botschaft des Johannes ausging.

# II

# DIE JOHANNES-BOTSCHAFT

*Am Anfang war das Wort, und das Wort war bei Gott,*
*und das Wort war Gott.*
*Dieses war am Anfang bei Gott. Alle Dinge sind durch dasselbe geworden,*
*und ohne das Wort ist auch nicht eines geworden, das geworden ist. In ihm*
*war Leben, und das Leben war das Licht für die Menschen.*
Joh. 1. 1-4

*Beim Kreuze Jesu aber standen seine Mutter und die Schwester seiner*
*Mutter Maria, Maria, die Frau des Klopas, und Maria aus Magdala. Als*
*nun Jesus die Mutter sah und neben ihr den Jünger stehen, den er lieb hatte,*
*sagte er zur Mutter: Weib, siehe, dein Sohn! Hierauf sagte er zum Jünger:*
*Siehe, deine Mutter!*
*Und von jener Stunde an nahm sie der Jünger in sein Haus.*
Joh. 19, 25-27

*Am ersten Tage der Woche aber kommt Maria aus Magdala früh, als es*
*noch dunkel war, zur Gruft...Jesus sagt zu ihr: Maria! Da wendet sich diese*
*um und sagt zu ihm auf hebräisch: Rabbuni! (das heißt: Meister!)*
Joh. 20, 1; 16

Erst mit dem Herannahen des neuen Zeitalters werden Männer und Frauen
beginnen, das Geheimnis jener Anfangsworte des Johannes-Evangeliums
zu begreifen. Die Botschaft des Johannes hat sich niemals an den Verstand des Menschen gerichtet. Johannes sprach zur Weltseele. Seine Leh-

ren beinhalten das Geheimnis der Menschenseele; die Lehre Jesu bezieht sich in erster Linie auf das göttliche Licht des geistigen Aspekts der Seele. Die gleichen Lehren wurden in anderer Form in der uralten Weisheit gegeben, aber niemals in dieser Weise - niemals so einfach, so tiefgründig.

Johannes ist ein erhabener Geist aus uralter Zeit, eine Quelle der Weisheit. Die im Allgemeinen unter dem Namen des "Johannes" bekannt gewordene menschliche Hülle oder Manifestation erfolgte durch das Herabsteigen eines der hohen Wesen, die den "Thron Gottes" umgeben. Diese Aussage werdet ihr wohl kaum begreifen, noch mag der begrenzte Verstand den Wert, die Größe, Wahrheit und Schönheit dieser Lehre und ihrer Offenbarung zu schätzen wissen. Die Offenbarung (darin schließen wir alle dem Johannes zugeordneten Schriften ein) stammt aus einer hohen Sphäre geistiger Kraft.

Das Johannes-Evangelium legt genaue Verhaltensregeln fest, die der Eingeweihte nicht umhin kann zu befolgen. Es ist nicht die Rede von: „Du musst gut sein. Du musst deinen Bruder und deine Schwester lieben." Es geht eher darum, dass der Erleuchtete sein Leben nur in einer einzigen Weise leben kann; er soll sich nicht nur seinen Brüdern und Schwestern, sondern allen Geschöpfen gegenüber liebevoll, gütig und freundlich verhalten.

Die Lehre des Johannes befasst sich mit der Seelenkraft. (In White Eagles Buch *Die verborgene Weisheit des Johannes-Evangeliums* wird ausführlich darüber gesprochen.) Das Kommen des Johannes kündigte das Wassermann-Zeitalter an, die Epoche, in der sich die Menschen zum geistigen Licht erheben und Männer und Frauen lernen, sich ihrer vollen Seelenkraft zu bedienen. Dies geschieht im Wissen um jeden einzelnen Träger, der diesen Tempel, Mann-Frau, umschließt. Die göttliche Offenbarung des Johannes enthält einen Entwurf der gesamten Evolution von Anfang bis Ende. Er ist derjenige, der in noch vollkommenerer Manifestation zu den Kindern dieser Erde kommen wird. Er kam nicht in voller Größe, als er an die Seite seines „Geliebten" trat, den die Leute

Jesus von Nazareth nennen, um ihn bei seiner Arbeit zu unterstützen. Nun wird er in seiner ganzen Herrlichkeit zurückkehren. Diese beiden brachten dem Planeten Erde die Gottesbotschaft der Christus-Liebe.

## DIE MYSTISCHE HOCHZEIT

Begrenzt den Namen „Johannes" nicht auf die eine, euch bekannte Persönlichkeit. Denkt daran, er ist eine hohe Wesenheit, welche die Führung des Wassermann-Zeitalters übernimmt. Der Meister, der Weltlehrer an der Spitze des Wassermann-Zeitalters, ist der Johannes-Mensch. Wir meinen nicht den Johannes eurer Bibel; wir meinen Johannes, den Gottesmenschen, verherrlicht in Vater-Mutter. Jede Seele besitzt zwei Aspekte, die man als maskulin und feminin, männlich und weiblich, bezeichnen kann, und die Meister haben sich seit jeher manchmal in dem einen oder anderen Aspekt ihres dualen Seins, ihrer dualen Seele, manifestiert. Darin liegt ein tiefes Geheimnis. Aber das Oberhaupt des Wassermann-Zeitalters, der sich durch den Menschen in seiner ganzen Herrlichkeit in der Welt ausdrückt, ist bekannt als Johannes, der göttliche Johannes. Die Kirche oder Religion dieses neuen Zeitalters wird die Religion der Brüderlichkeit sein, wenn die alten Formen aus dem Weg geräumt sind. Dann wird es weder eine Kirche noch einen Staat im heutigen Sinne geben. Seid durch unsere Worte nicht verängstigt, denn dann wird die glorreiche Geburt des goldenen Lichtes stattfinden, die das Goldene Zeitalter einläutet.

Die Zeitspanne von zweitausend Jahren brachte nicht nur eine, sondern zwei Seelen von großer Reinheit und Schönheit zum Vorschein, die der Welt das Licht der Ewigkeit brachten. Es besteht eine enge und tiefe Wesensverwandtschaft zwischen den beiden; sie stehen sich so nahe. Welche Bedeutung besaß Johannes für den Meister?

Bei genauer Betrachtung mag es den Anschein haben, dass Johannes für die Arbeit des Meisters vonnöten war, da er immer zu den dreien gehörte, die aufgerufen waren, wenn der Meister die göttliche Kraft in ungewöhnlichem Maße einsetzte. War es nicht Johannes, der in jenem Raum, der für die heilige Kommunion des Geistes vorbereitet worden war, neben Jesus saß? Heißt es nicht sogar, dass sein Haupt an der Brust des Meisters ruhte? Hat nicht bei der Kreuzigung der sterbende Jesus von allen seinen Anhängern und Jüngern Johannes ausgewählt und ihm seine Mutter anvertraut? Wie lassen sich dieser Auftrag und dieses Vertrauen deuten? Und warum wurde Johannes „der Geliebte" des Meisters genannt?

Jesus und Johannes offenbaren die mystische Hochzeit. Verdunkelt eine solche wunderbare Wahrheit nicht mit euren Vorstellungen von Sexualität. Nichts kann der Wirklichkeit ferner liegen. In der mystischen Vermählung von Seele und Geist offenbart sich die vollkommene – vervollkommnete – Vereinigung, die die Menschheit seit Urzeiten zu kennen und zu erleben hofft.

Jesus, ein Geist, ein individuelles Wesen, trat aus dem strahlenden Morgenstern hervor. Jesus, der für die meisten von uns den im tiefsten Innern jedes Mannes und jeder Frau liegenden Herzensaspekt verkörpert, in dem Gott wohnt – und auch Johannes, der jenen Seelenaspekt der Menschheit verkörpern mag (falls ihr es wirklich versteht), der sich nach dem Licht sehnt und es liebt. Kannten die beiden die Reinheit und das Wunder einer solch vollkommenen Vereinigung von Herz, Gefühl und Gedanke, bevor sie die Erde betraten?

Es besteht eine enge Beziehung zwischen dem Planeten Venus und dieser Erde. Manche mögen diese Behauptung in Frage stellen. Die Wissenschaft bezweifelt die Möglichkeit, dass auf irgendeinem anderen Planeten Leben existiert. Nun, auf dem Altar hinter mir seht ihr den sechsstrahligen Stern der Bruderschaft.*

Mit der gleichen Gewissheit, mit der ihr den Stern seht, haben wir das Erwachen der Venus erlebt; und wir wissen, dass euer Weg, der Weg

---

* Die Ansprache, der dieser Abschnitt entnommen wurde, fand in der White Eagle Loge in London statt, in der ein dreidimensionaler sechsstrahliger Stern aus Kristallglas über dem Altar hängt. Er bildet die Grundlage für die bildliche Darstellung zu Beginn dieses Kapitels.

jeder Menschenseele, im Laufe der Zeit jenseits dieses dunklen Erdballs zu diesem strahlenden Morgenstern führen wird. Auf der Venus – dem Planeten der Harmonie, Schönheit und Liebe – werden die Seelen, die sich über den Einfluss und die Unbilden der Erde erhoben haben, ihre Vollendung finden – Dualseelen, in jenem erhabenen Zustand vollkommener Vermählung!

Habt ihr nicht von der Vervollkommnung menschlicher Liebe geträumt, von zwei Seelen, die in reiner Liebe zu einer einzigen Seele verschmelzen? Dort werden sich solche Träume erfüllen; eine Seele findet sich in der anderen wieder. Auf Wunsch kann sich jede zurückziehen und ihren eigenen Weg gehen oder mit der anderen verschmelzen. Dualseelen oder Geistesverwandtschaft bedeutet die Vervollkommnung beider Aspekte in dem einen Sein von Mann-Frau, hervorgegangen aus dem Vater-Mutter-Gott und stets in seinem/ihrem Geist gehalten.

Johannes steht Jesus so nahe, dass diese beiden Aspekte der einen Wahrheit nicht voneinander zu trennen sind. Dem großen Weltlehrer, den ihr unter dem Namen Jesus von Nazareth kennt, folgt der andere Aspekt dieses Einen, jener Aspekt, den wir als das Licht, das göttliche Licht begreifen: Johannes, der Lichtbringer, Johannes, welcher Maria aufgrund der Worte, die Jesus am Kreuz sprach, *(Siehe deine Mutter)* sehr nahe steht.

Das kommende Wassermann-Zeitalter wird die Mutter oder den weiblichen Lebensaspekt in den Vordergrund rücken. Mit anderen Worten, er kündigt sich durch die zunehmende Entwicklung der Intuition und ein Anwachsen der Seelenkraft unter den Menschen der Erde an. Das erste Prinzip, das stellvertretend für den Vater-Aspekt oder den Willen steht, muss durch das Mutter-Prinzip oder die Intuition ausgeglichen werden. Wenn ein vollkommener Ausgleich zwischen beiden Prinzipien – dem ersten Prinzip des Willens oder der Macht und dem zweiten der Liebe und Weisheit – besteht, vermag das Christus-Kind daraus hervorzugehen.*

---

*White Eagle deutet auf die drei Prinzipien, die göttliche Dreiheit, hin.

Versteht diese Worte nicht falsch! Jeder Mensch vereinigt in sich sowohl männliche als auch weibliche Eigenschaften; im Mann dominieren die ersten; in der Frau die zweiten. Jede einzelne Seele erfährt viele Prüfungen, durchläuft Leid und Einweihungen. Durch diesen Prozess werden die beiden Prinzipien von Wille und Liebe allmählich vereinigt und vollkommen ausgeglichen, was schließlich zur Geburt des inneren Christus-Kindes führt. Dies ist die wahre Bedeutung der unbefleckten Empfängnis, die das Ergebnis der mystischen Vermählung zwischen Seele und Geist im Menschen ist. Die unbefleckte Empfängnis ist die vollkommene Verschmelzung der Intuition und der mütterlichen Geistesqualitäten mit dem Geist, der den Willen und die Energie Gottes vertritt. Der Wille und die Energie Gottes durchdringen die göttliche Liebe und Weisheit. Erst aus dieser vollkommenen Vereinigung, dieser mystischen Vermählung in eurem Innern, geht der vollkommene Sohn, die vollkommene Tochter Gottes hervor. Wir möchten euch auf den sechsstrahligen Stern aufmerksam machen, der aus zwei ineinander verschlungenen Dreiecken besteht und diese mystische Hochzeit versinnbildlicht – die vollkommene Verschmelzung der dualen Lebensaspekte.

Was bedeutet dies für die physische Ebene, den irdischen Alltag? Warum gibt es solch furchtbares Leid? Der Grund liegt darin, dass die Menschheit seit Jahrhunderten nach dem mütterlichen Prinzip hungert. Zuerst hat der Körper dominiert und dann der Verstand oder das Gehirn. In beiden Fällen wurde das göttliche Mutter-Prinzip, die Weisheit und Liebe, eingesperrt oder sogar erschlagen. Die Zukunft wird Erleuchtung, Einweihung und Erweiterung des geistigen Bewusstseins bringen. Ihr werdet sehen, wie dieses mütterliche Prinzip – nicht nur Frauen, denn wir sprechen von göttlichen Prinzipien – langsam aber sicher die Welt beeinflusst. Dadurch wird mehr Liebe und Weisheit einströmen und die Macht abnehmen, die durch das menschliche Gehirn wirkt und Individuen veranlasst, ein höchst teuflisches Räderwerk zur Vernichtung des Lebens hervorzubringen. Wenn der mütterliche Geist Hand in Hand mit dem wahren Vater-Prinzip (dem höheren, dem göttlichen Verstand) arbeitet, werden geistige Gesundheit, Harmonie und Glück in euch zurückkehren.

Ihr werdet beobachten, wie mit der Zeit immer weniger Frauen der Zutritt zu höheren Ämtern verwehrt wird und sie ihren angemessenen und ehrenvollen Platz im Weltgeschehen einnehmen. Die Seele oder der weibliche Aspekt eures menschlichen Seins ist jener Aspekt, der Lob und Verehrung inspiriert. Es ist die Seele, die der Gottesdienst bewegt. Musik vermag die Seele zu erheben. Religiöse Rituale können die Seele anregen und aufwühlen. Und jedesmal entwickelt die Seele dieses Gefühl, diese Intuition, die es dem Geist ermöglicht, zur Materie Verbindung aufzunehmen und sich stärker zu manifestieren.

Der weibliche Aspekt, der göttliche Mutteraspekt, ist die Sanftheit, Liebe und Güte im Leben, ohne die der geistige Tod eintreten muss. Wenn die Völker der Erde die wunderbare Mutter, die Quelle allen Lebens, wieder verehren, werden sie wieder glücklich sein. Bezeichnenderweise war die erste Person, die am Tage seiner Auferstehung das Grab Jesu aufsuchte, eine Frau; die übrigen Jünger erfüllte es wohl kaum mit Freude, dass ihnen ausgerechnet eine Frau die frohe Botschaft brachte. Im kommenden Wassermann-Zeitalter wird es der weibliche Lebensaspekt sein – nicht unbedingt Frauen, aber der Mutteraspekt des geistigen Lebens – der den Meister erkennt. Mit anderen Worten, es sind immer die liebevollen, sanften, gütigen und weiblichen Eigenschaften in den Männern oder Frauen, die den Christus erblicken werden.

# III

# DIE GROSSEN ERDZYKLEN

*Und Gott sprach: Es werde Licht! Und es ward Licht. Und Gott sah, dass das Licht gut war, und Gott schied das Licht von der Finsternis.*
Genesis 1, 3-4

Ein großer Zyklus umfasst etwa 25.000 Jahre. Er gliedert sich in zwölf Zeitalter von jeweils etwas mehr als zweitausend Jahren. Jedes dieser Zeitalter ist dem Einfluss eines bestimmten Tierkreiszeichens unterworfen, das auf die Gedanken, die geistige Entwicklung, euer materielles Leben und besonders auf euer geistiges und religiöses Leben einwirkt.

Viele verschiedene Wege zur Entwicklung des Seelenbewusstseins sind im Laufe der Zeiten von den Weisen entsprechend dem vorherrschenden Tierkreiszeichen gelehrt worden, denn jedes Zeitalter bringt der Erde einen besonderen planetarischen und himmlischen Einfluss. Die menschliche Natur enthält die Einflüsse aller zwölf Tierkreiszeichen, reagiert aber entsprechend der Stufe auf der Leiter oder dem Zyklus der Lebensspirale, auf der sich die individuelle Seele gerade befindet.

Zurückblickend erkennen wir, dass die altägyptischen Religionen vom Tierkreiszeichen Stier beeinflusst wurden. Das Zeichen des Widders beherrschte die folgende, unmittelbar vorchristliche Epoche. In diesem Widder-Zeitalter finden wir die Verehrung des Lammes in den jüdischen religiösen Zeremonien, während das Fische-Zeitalter durch das Herabsteigen des Geistes in die Tiefen der Materie gekennzeichnet ist.

Der große Lehrer des Fische-Zeitalters, Jesus Christus, war Mystiker, Seher und Heiler. Seine Reaktion auf die höheren Einflüsse dieser Epoche, das heißt auf den Einfluss Neptuns, zeichnet sich in seinem Leben ab. Kaum jemand ist für die Einwirkung Neptuns genügend empfänglich, um seinen Impuls zu verwirklichen. In Jesus sehen wir ein wunderbares Beispiel des vollkommenen Menschen, der in seinem irdischen Leben auf den höchsten planetarischen Einfluss seines Zeitalters antwortet und somit ein Beispiel für die Vorbereitung der nächsten Stufe des großen Zyklus bildet, des Wassermann-Zeitalters. Er hat auf die höchsten Engelkräfte reagiert. Er war ein wahrer Eingeweihter, denn seine Psyche oder Seele befand sich in einem Zustand vollkommener Ausgeglichenheit. Er war ein vollkommener Kanal; ein wunderbares, ruhiges Meer, das das Sonnenlicht klar und schön widerspiegelte. Er wandelte auf dem Meer – nicht als Beweis für seine wundersame Macht über die Natur, sondern um einige seiner Jünger verständnisvoll zu belehren, dass er die Seele, die Emotionen, zu beherrschen wusste. Er hatte sich über den Aufruhr der Wunschkörper des Lebens erhoben. Unentwegt und unerschütterlich reagierte er auf die höhere Oktave seines physischen Lebens – auf den Herrscher Neptun.

Im Schlaf wird die bereite Seele für den sanften Einfluss von Neptun empfänglich sein und sich an den Erfahrungen auf den höheren Ebenen erfreuen. Ist der physische Körper ausreichend eingestimmt und durch richtige Denk- und Lebensweise geläutert, kann der Verstand oder das Gedächtnis eine Erinnerung an diese Erlebnisse erhaschen. Dann wird die Einwirkung des Fische-Zeichens die Seele erleuchten und sie für die nächste Stufe, das Wassermann-Zeitalter, vorbereiten.

Zur Zeit treten wir in eine wahrhaft glorreiche Periode der Erdevolution ein, in das beginnende Wassermann-Zeitalter; und Saturn – der auf niederer Schwingungsebene Tränen, Leid, Beschränkungen und Einengungen bringen wird – besitzt einen wunderbaren Einfluss auf den Wassermann-Menschen. Man könnte Saturn als die Pforte zur Einweihung bezeichnen. Während die Seele sich der Befreiung ihrer Fesseln nähert (damit meine ich nicht den Tod, sondern die Befreiung von dem, was ihr Sünde und Verlangen nennt), wird die Einwirkung des Saturn die Seele lehren, das *Wort* zu hören. Dieses geheimnisvolle Wort wird sie befähigen, die Pforten der Einweihung zu durchschreiten und in die Mysterien ihres eigenen Seins, ihrer Schöpfung, Evolution und ihrer endgültigen Einweihung und Geburt in das Licht der Sonne einzutreten.

Diejenigen, die auf der Spirale genügend weit vorangeschritten sind, um für die höhere Oktave, für Uranus, empfänglich zu sein, werden erleben, wie in ihrem Bewusstsein ein Verstehen hereinbricht – ein Licht. Die Einwirkung des Uranus führt zu unerwarteten Geschehnissen, gewaltigen Umwälzungen und Revolutionen. Die Nacht wird zum Tage. Das Schwert des Erzengels Michael steigt auf Männer und Frauen herab, um sie durch Schmerzen für ihre glorreiche Geburt in das neue, strahlende Leben zu befreien.

Diese Wahrheiten müssen auf den physischen Bereich, die Seele und die geistigen Seinsebenen übertragen werden. Wenn Grausamkeit und Verheerung alles hinwegfegen, was das menschliche Ich festhält und schätzt, und das Ideal, für das es gearbeitet und gekämpft hat, zerstört, ist das Schwert des erhabenen Erzengels am Werk. Es stellt sich Unmut ein – aber viel zu schnell. Denn noch während die Seele sich schreiend gegen Gott und alle Engel des Himmels auflehnt, bricht das Licht durch den Nebel, und es erstrahlt die Ruhe und Schönheit der Morgensonne nach der bedrückenden, stürmischen Nacht. Und in eurer Dankbarkeit vergesst ihr den Sturm und empfindet nur Freude über eure Wiedergeburt und die Stunde des Friedens.

Der Einzelne glaubt, er oder sie sei sehr mächtig. Die Nationen denken, sie besäßen Macht; aber sie alle sind verschwindend gering vor dem erhabenen kosmischen Gesetz. Die durch die Naturkräfte wirkende Hand Gottes arbeitet in Einklang mit den großen planetarischen Einflüssen und wird das Gesetz der Bruderschaft auf eurer Erdebene in Kraft setzen. Ihr könnt das kosmische Gesetz nicht umstoßen. Ein paar armselige kleine Nationen können das kosmische Gesetz nicht stürzen.

Die Welt steht zur Zeit unter dem Einfluss von Saturn, und in der gleichen Weise, in der dieser alte Saturn den Einzelnen zum Altar der Einweihung führt, wird er auch die Nationen an den Altar der Einweihung führen – der Einweihung zur Bruderschaft. Saturn erledigt seine Arbeit recht gut!

Das Wirken des Uranus, des großen – man könnte sagen „wohlwollenden" – Planeten, mag ein wenig bestürzend wirken, und sein Einfluss lässt euch vielleicht ein bisschen sprunghaft werden! Alles arbeitet zusammen auf das Gute hin, und jeder, der Gott liebt, sollte dies erkennen. Wenn gewisse Dinge passieren, reagiert nicht töricht darauf: „Wie schrecklich!" Überlasst es Gott, seine Aufgabe zu kennen und seinen erhabenen Engeln, um ihre Arbeit zu wissen, denn sie bemühen sich stets, die törichten Fehler der Menschen zu berichtigen. Es werden wunderbare Dinge geschehen, die der Menschheit das Zeitalter des Fortschritts und der Brüderlichkeit, das Zeitalter der Befreiung und Kultur und des größeren Verständnisses für die Liebe und Macht Gottes bringen. Mit Hilfe der Planeten und der planetarischen Wesenheiten rüttelt Gott das Menschengeschlecht ein wenig auf, aber allmählich wird der wahre und herrliche Geist der Brüderlichkeit an die Stelle der überholten Politik treten. Die Schau des Johannes umfasst das Gesamtbild, von Alpha bis Omega.

## EINE UMFASSENDERE SCHAU

Das Menschengeschlecht bereitet sich im Moment auf eine geistige Neugestaltung vor. Wir bemühen uns, euch etwas von der Erkenntnis zu vermitteln, die wir gewonnen haben. Ihr sollt diese Dinge nicht glauben, wir wollen euch nur mitteilen, was wir in den Tempeln der Weisheit gefunden haben. Mögen euch diese Worte ermutigen! Wenn ihr das Gefühl habt, dass eure Welt sich in einem chaotischen Zustand befindet, denkt nicht an das so genannte „Chaos" oder hegt dunkle Gedanken der Furcht und des Zweifels. Vielleicht seid ihr versucht, euch mitreißen zu lassen und das Schlimmste zu befürchten. Als Kinder des neuen Zeitalters bitten wir euch, es fast wie ein Ritual in eurem Leben werden zu lassen, nicht an Gedanken oder Worten des Zweifels, der Furcht oder Verneinung teilzuhaben. Seid positiv eingestellt und schöpferisch, denn das weise Kind des lebendigen Gottes vermag die Nebel und die Dunkelheit mit einem Lichtstrahl, der direkt aus dem Herzen Gottes kommt, zu durchdringen.

Denkt immer daran, dass die Schwingungen, die unmittelbar aus dem göttlichen Lebensquell hervorgehen, die Schleier der dichtesten Materie durchdringen. Ihr, die ihr an dem großen Werk geistiger Erneuerung teilnehmen wollt, müsst dem höchsten Auftrag in euch entschlossen folgen. Ihr sollt den Herrn, euren Gott, lieben, *aus ganzem Herzen, mit ganzer Seele und mit ganzem Gemüt.* Mit eurem Herzen, eurem Gefühl und eurem ganzen Mentalkörper, sollt ihr den Herrn, euren Gott, lieben und in der Finsternis und dem Chaos den Samen des Lichtes, den Samen Gottes, sehen, der dort aufkeimt. Ihr könnt in die tiefsten Tiefen der Hölle hinabsteigen und dort Gott finden.

Auf dem Weg zum Gottesbewusstsein hat sich die Seele in viele Gewänder gekleidet. Sie hat den Involutionsprozess durchschritten und sich dabei in die feinstofflichen Körper eingehüllt, die sie formte. Auf jeder der langen Seinsstufen hat sie einen solchen Körper angenommen. Betrachtet sie als Gewänder, die ihr im Laufe eines jeden Zeitalters angelegt wurden. Es geht hier nicht um Zeit, sondern um Unendlichkeit – Ewigkeit. Doch erst wenn der Einzelne von seinem endlichen Verstand befreit ist, kann er oder sie die Ewigkeit verstehen. Ewigkeit ist jetzt. Sie ist immer gewesen und wird immer sein. *Wie es war am Anfang, so auch jetzt und in alle Ewigkeit.* Könnt ihr, wenn ihr euch bemüht, die Ewigkeit zu erahnen, ein wirkliches Verständnis erlangen für diese großen Lebenszyklen oder Zeitalter, von denen wir gesprochen haben? Einer geht in den anderen über, trennt sich von dem anderen und wird aus ihm geboren, genau wie die Planeten aus der Sonne geboren werden und die Systeme des Universums von einander und aus dem Ganzen hervorgehen. Es ist gewaltig!

Der individuelle Funke, der direkt aus dem Herzen Gottes kommt, ist sich seiner wahren Natur nicht bewusst und, Mann-Frau werdend, gestaltet er jene feinstofflichen Körper, die jetzt seinem Erfahrungsprozess dienen. Mit der Grobstofflichkeit dieser Erdebene haben wir den äußersten Ring der Menschenevolution erreicht. Es scheint, dass die Menschheit mit ihrem entwickelten Intellekt an die Grenze der Involution gelangt ist. Nun erhebt sie ihr Antlitz nach oben. Sie hat die Talsohle durchschritten und sieht sich dem aufwärts strebenden Bogen gegenüber. Sie streckt ihre Hand nach dem himmlischen Leben aus.

Das Wassermann-Zeitalter ist die Epoche, in der sich die Menschheit ihrer wahren Natur bewusst wird. Diejenigen, die glauben, ein wenig Wissen erlangt zu haben, mögen sich umschauen und ihre Brüder betrachten. Manchmal fragt ihr euch vielleicht, ob sie überhaupt einen Geist besitzen. Sie scheinen von tierischen Wünschen und Leidenschaften erfüllt zu sein und sich weit vom himmlischen Zustand entfernt zu haben. Traurigen Herzens beobachtet ihr den Schrei nach Blut, die Sucht zu kämpfen und den anderen Mann, die andere Frau, zu besiegen. Es ist ein Ringen um Vorherrschaft. Seid nicht streng. Wenn ihr Kampf, Leidenschaft und Gier von euren Brüdern Besitz ergreifen seht, versucht zu verstehen, was in ihrem Innern gedeiht; seht einen Samen, der bestrebt ist, sich zum Ausdruck zu bringen. Im Wassermann-Zeitalter wird eine gewaltige Ausgießung von der Sonne auf die Erde herabströmen; eine Schwingung, eine Energie und ein Licht, wie ihr es im Augenblick noch nicht zu fassen vermögt.

Als man den Leib des Meisters Jesus kreuzigte, entströmte der Lebensgeist. Die Welt wurde getauft. Nach eurem Verständnis hat es lange gedauert, bis diese Lebensenergie des Sohnes die Teilchen oder Atome des Menschenkörpers durchdrungen hatte. Denn alle nahmen an der Taufe teil. In eurem Körper fließt ein Leben spendender Strom aus diesem Körper des Christus.

Habt ihr jemals daran gedacht, dass mit jeder Verletzung und jeder Ablehnung des inneren Christus im Herzen jedes einzelnen Mitglieds der Menschheit die Kreuzigung immer noch stattfindet? Lässt euch diese Tatsache nicht erschreckt aufhorchen? Betrachtet es nicht als furchtbar. Stellt euch lieber vor, dass das Menschengeschlecht in einem unaufhörlichen positiven Wachstum begriffen ist. Wenn ihr schweren Kummer erleidet und euch harten Bedingungen gegenüberseht, werdet ihr gekreuzigt. Doch jede Kreuzigung bringt euch dem großen Erwachen, der Auferstehung, näher, und ihr werdet eine Schönheit und ein tief befriedigendes Glück erfahren, wie ihr es nie zuvor gekannt habt. Bei jeder Kreuzigung in eurem Leben, egal welche Form sie annimmt, denkt daran, dass der Kreuzigung immer die Auferstehung und der Auferstehung die Himmelfahrt folgt.

# IV

# DIE ZUKUNFT – DAS ZEITALTER DER BRUDERSCHAFT

*Kommet, sehet einen Menschen, der mir alles gesagt hat,*
*was ich getan habe.*
Joh. 4, 29

*Was kein Auge gesehen und kein Ohr gehört hat...was alles Gott denen*
*bereitet hat, die ihn lieben.*
1.Korintherbrief 2, 9

*Eure Jünglinge werden Gesichte sehen,*
*und eure Greise werden Träume träumen.*
Apostelgeschichte 2, 17

Wir möchten mit euch über eure Zukunft sprechen. Wir sprechen nicht oft über eure Zukunft, denn man hat euch gelehrt, dass es unklug ist, in sie einzudringen. Für die Seele gibt es aber nur eine Möglichkeit, ihre eigene Zukunft zu lesen – sie muss ihre Vergangenheit verstehen. Ihr seid immer gewesen, denn ihr seid ein Same des unendlichen, ewigen Geistes, und wenn ihr die das Leben beherrschenden Gesetze versteht – dass jede Handlung, jedes Wort und jeder Gedanke dem feineren Äther eingeprägt wird, ein Eindruck, der dort ewig bleibt – dann werdet ihr begreifen, dass die Zukunft vorhergesagt werden kann.

Auf einer bestimmten Stufe in der menschlichen Entwicklung lernt ein Mann oder eine Frau, in die ewige Stille einzutreten und diese Aufzeichnungen zu lesen. Aus ihnen erfährt er oder sie, dass Handlungen, Worte und Gedanken wie Samen, die in den Erdboden gesenkt wurden, unweigerlich eine Wirkung hervorrufen, die man als die Zukunft der Seele bezeichnen kann. Dies ist die richtige Auslegung der Zukunft, denn das Leben wird von einem göttlichen Gesetz regiert, das besagt, dass die Seele das ernten wird, was sie gesät hat.( Galater 6,7) Eure Zukunft liegt also in der Gegenwart. So wie ihr heute denkt, sprecht und handelt, sät ihr die Samen für die Ernte von morgen.

In dieser Weise können die Meister der Weisheit für den einzelnen Menschen wie für die Menschenrasse die Zukunft vorhersagen. Es ist ihnen möglich, die Zukunft eurer Seele recht klar zu erkennen. Der Meister Jesus versetzte die Frau am Brunnen in großes Erstaunen, als er ruhig über ihr vergangenes Leben sprach. Ebenso kannte er ihre Zukunft, und sie entfernte sich mit den Worten: *„Kommt, seht einen Menschen, der mir alles gesagt hat, was ich getan habe. "*\*

Wenn ihr gelernt habt, eure Sinne und Emotionen zu beherrschen, liegt es in eurer Macht, euch über das begrenzte Bewusstsein eures irdischen Daseins zu erheben und auf jene höheren Ebenen zu begeben, in den Äther einzutreten, der die grobe physische Materie durchdringt, und die Herrlichkeit des göttlichen Schöpfungsplans zu sehen, der das Fassungsvermögen des endlichen Geistes übersteigt. Die Begrenzungen fallen im Laufe eurer geistigen Entwicklung ab, und ihr könnt zu den feinstofflichen Ebenen der himmlischen Reiche vordringen und dort den göttlichen Plan für eure und die Zukunft aller Seelen erkennen.

Man hat euch ein zweites Kommen des Christus, des Herrn dieses Erdplaneten, angekündigt. Wann soll dies geschehen? Es gibt eine Fülle von Beweisen, dass sich der Zeitpunkt nähert, was sich besonders in der Seelenvorbereitung vieler zeigt, denen ihr begegnet. Ihr beobachtet ein rasches Wachstum der geistigen Qualitäten in der Menschheit; in den neuen religiösen Wegen eurer Zeit nehmt ihr Verbindung zu den Schwingungen des Christus auf. Man lehrt euch eine Lebensweise für diese herannahende Zeit, die sich auf die Reinheit der Gedanken, auf geistiges Streben und Läuterung des physischen Körpers gründet, weshalb viele Leute instinktiv

---

\*Die Geschichte wird Kapitel vier des Johannes-Evangeliums erzählt.

reine Nahrungsmittel zu sich nehmen und Anspruch auf vollkommene Gesundheit und Harmonie erheben, was euer Geburtsrecht ist. Der Impuls zur geistigen Suche liegt in euch. Der äußere und der innere Christus heben euch empor, um ihm auf jener höheren Bewusstseinsebene zu begegnen, wenn der Christus in all seiner Macht und Herrlichkeit erscheint.

Wird Christus erneut in einem physischen Körper kommen? Christus wird sich den Männern und Frauen auf der Erde in einem Träger offenbaren, der den ihren gleicht, aber eine sehr reine und hohe Schwingung besitzt. Es werden bereits Vorbereitungen getroffen, und bevor der Christus in all seiner Herrlichkeit auftritt, wird es auf der Erde eine universelle geistige Bruderschaft geben. Ihr werdet Eingeweihte und Meister sehen, die sich beständig auf der Erde aufhalten und die Weltangelegenheiten leiten und beaufsichtigen. Es werden sich zahlreiche Meister offenbaren, jene erleuchteten Seelen, die der uralten Geheimbruderschaft angehören, die innerhalb des Schleiers (das heißt, auf der anderen Seite des Lebens) für die Befreiung und Erleuchtung der Menschheit wirken. Sie werden hervortreten und sich unter die Menschen mischen, und viele werden sie erkennen. Diejenigen, die einen Meister erkennen, müssen aber schon selbst einen Grad an Meisterschaft besitzen.

Ihr werdet große Veränderungen auf der Erde beobachten, wenn das neue Zeitalter heraufdämmert. Vor zweitausend Jahren erschien Christus, um den Vorhang niederzureißen und allen den Weg zu bahnen, den Pfad der Erleuchtung zu betreten. Seither ist die Menschheit in bestimmter Weise vorbereitet und geschult worden, und nun wandeln wir auf der höheren Spirale, bereit, die vollständige Ausgießung zu empfangen und durch den Christus-Geist, den geliebten Sohn, emporgehoben zu werden.

# DER PFAD IN DAS GEISTIGE ZEITALTER

Es sind nicht nur einige Auserwählte, welche die Meisterschaft oder die Christus-Stufe erlangen. Alle Gotteskinder haben denselben Pfad betreten. Aber es werden bestimmte Seelenqualitäten vorausgesetzt. Die Seele muss in erster Linie erkennen, dass das Leben eine große Bruderschaft ist. Dies klingt sehr einfach. Wir alle sehnen uns nach Brüderlichkeit; wir alle möchten, dass sich andere Leute brüderlich uns gegenüber verhalten, empfinden es aber nicht immer als leicht, andere Leute, andere Lebensformen, als Brüder zu betrachten – ausgenommen diejenigen Leute und Dinge oder Haustiere, bei denen es uns keine Mühe bereitet. Es ist nicht einfach, in einem Tier den Bruder zu sehen, wenn uns noch danach verlangt, Fleisch zu essen. Fleisch zu essen, verzögert unweigerlich die Entwicklung unserer Seele, weil es Disharmonie in den physischen Atomen hervorruft und gegen das Gesetz der Brüderlichkeit verstößt.

Das Wassermann-Zeitalter wird eine starke Entwicklung und Entfaltung von Seele und Geist des Menschen sehen. Seele und Geist sind vergleichbar mit einem Samen oder einem Baby, das die gegebenen Eigenschaften entwickeln und entfalten muss. Versteht ihr, was wir meinen? Ihr seid Kinder, in denen die Möglichkeit zur Meisterschaft und zur Verwirklichung des Christus-Bewusstseins schlummert. Ihr seid mit einem freien Willen und genau denjenigen Umständen ausgestattet worden, die ihr zur Entfaltung eures Charakters, euer Seele und eures Geistes benötigt. Ein Same oder eine Zwiebel enthält die gesamte Schönheit der Blume, und ihr sagt: „Welches Wunder! Aus jenem winzigen Samen ist diese herrliche Blume hervorgegangen!" Veranschaulicht dieses Bild nicht jedes Menschenleben, das aus dem Samen der Seele und dem Samen des Geistes hervorgeht? Der Geist, das Samenatom, das in das Herz-Chakra gesenkt wurde, ist der Christus-Same. Ihr seht euch in euren Inkarnationen genau denjenigen Bedingungen gegenüber, die für die Entwicklung dieses Samens unbedingt notwendig sind, damit die Seele vollkommen wird und der Christus-Geist erblüht.

Könntet ihr die Dinge immer aus diesem Gesichtspunkt betrachten, wäre euer Alltag leichter, da ihr diese wunderbare Arbeit, mit der man euch betraut hat, geduldig und ausdauernd erledigen würdet. Es spielt keine Rolle, wer oder was ihr seid, es zählt nur eure Arbeit. Im Laufe der Entwicklung des Menschengeschlechts werden naturwissenschaftliche Entdeckungen das Leben einfacher und besser gestalten. Männer und Frauen entfalten Seelenkräfte, die es ihnen ermöglichen, feinstoffliche Welten zu ergründen. In euren Meditationen steht ihr gerade am Rande dieser Form spiritueller Entwicklung. Euch allen möchten wir sagen: „Dies ist der Weg", denn nur durch immer tiefer werdende Meditation lernt ihr, die Zukunft und den Pfad, den ihr geht, klarer zu sehen und zu erkennen. Immer besser zu verstehen, was ihr tut und wohin ihr geht, wird euch mit tiefem Glück erfüllen.

Gegenwärtig steht ihr einer unerschütterlichen Wahrheit gegenüber. Ihr werdet an eine Grenze gelangen, die ihr nicht eher überqueren könnt, als bis ihr die Lektion der Brüderlichkeit vollkommen beherrscht. Diese Tatsache müsst ihr erkennen und verwirklichen und durch die Liebe eins mit allem Leben werden. Wenn euch dies nicht gelingt, kommt ihr zu einem Stillstand. Es werden keine Vorhänge oder Schleier für euch beseitigt, ohne dass ihr diese Barriere sicher überschritten habt.

Im Laufe ihres Entwicklungsprozesses befreien sich Männer und Frauen von den Schleiern, die sie vor den geistigen Kräften abgeschirmt haben. *Was kein Auge gesehen und kein Ohr gehört hat...was alles Gott denen bereitet hat, die ihn lieben* – das heißt, für diejenigen Männer und Frauen, die den Himmel erreichen. Dies ist eure Zukunft, und es lohnt sich, dafür zu kämpfen. Wenn euch materielle Dinge ablenken, verhaltet euch sehr ruhig, sehr still. Denkt an die Brüder der Stille, deren Kraft, etwas zu vollbringen, in der Stille liegt. Berührt die Stille, und die Kraft des Geistes wird in euch fließen und eure Ängste zerstreuen.

Immer wieder haben wir betont: „Nichts ist so wichtig wie Gott." Es gibt viele kluge, intellektuell hochentwickelte Leute, denen es trotz ihres Wissens nicht möglich ist, in die höheren Ebenen einzudringen oder diese tiefe geistige Stille zu berühren. Ohne die erforderlichen Geistesqualitäten erlangt zu haben, werdet ihr niemals diese höheren Ebenen durchdringen.

Das Wassermann-Zeitalter ist das Zeitalter des Geistes, in dem sich nach den Worten der Bibel der Geist Gottes auf Jung und Alt ergießen wird. *Eure Jünglinge werden Gesichte sehen, und eure Greise werden Träume träumen.* Das Symbol des Wassermans ist der Mann mit dem Wasserkrug, der die Wasser des Lebens ausgießt. Ohne Wasser kann das Leben auf der Erde nicht fortbestehen. Mit dem Vorrücken der Tag-und Nachtgleichen wird eine Zeit und eine Epoche kommen, in der die Wasser des Himmels, die Wasser des Geistes, ausgegossen werden, um das geistige Wachstum der Menschheit anzuregen.

Ohne dieses Wachstum von Seele und Geist gäbe es Verwüstung. Doch Gott ist allmächtig, Gott ist allwissend, weise (der weise Mutter-Aspekt) und Gott ist allgegenwärtig, immer gegenwärtig. Gott ist überall, in jedem Geschöpf, in der gesamten Natur. Gott ist in der Luft, die ihr atmet. Gott ist in jeder Zelle eures Körpers. Gott ist näher als der Atem, näher als Hände und Füße, denn Gott und ihr seid eins – aber ihr wisst es noch nicht. Ihr habt die Fesseln eures irdischen Bewusstseins noch nicht gesprengt und erkannt, dass ihr selbst im Kern Gott seid.

In der Stille werdet ihr euren Schöpfer finden und die höheren Welten durchdringen. Eure Augen werden ihre Schönheit erkennen, und der Tod wird keine Macht mehr über euch besitzen.

Dort gibt es keinen Tod. Wenn ihr das große Hindernis überwunden habt, werdet ihr erstaunt feststellen: „Aber ich habe nichts gespürt! Bin ich tot? Ich fühle mich genauso wie vorher." Es gibt keinen Unterschied, nur dass ihr ein Gewand abgelegt und zurückgelassen habt. Ihr seid nicht mehr daran interessiert. Mehr bedeutet der Tod nicht. Ihr seid ewig, und wie ihr heute seid, werdet ihr morgen sein. Indem ihr euch selbst gestaltet und die geistigen Atome in eure Seele einbaut, werdet ihr euch der Früchte erfreuen können, die der Herr für euch in den höheren Seinsebenen bereitet hat.

In Augenblicken, in denen es euch schwerfällt, euch zurückzuhalten und zu beherrschen, holt tief Luft und wiederholt die Worte: „Gott ist in mir." Dann seid still und lasst das All-Gute sich durch euch manifestieren. Den Vorteil, den ihr aus dieser Übung gewinnt, könnt ihr wohl kaum ermessen.

Spürt ihr die Gegenwart der Lichtwesen beim Lesen unserer Worte? Fühlt ihr ihre Liebe und die Reinheit ihrer Seelen? Sie treten ganz nahe an euch heran. Mit ihnen rufen wir euch zu: „Vorwärts, vorwärts, vorwärts, meine Kinder! Vermehrt eure geistigen Eigenschaften und Kräfte, die den höchsten und reinsten Anteil eures Daseins und des Lebens aller Männer und Frauen bilden werden."

# V

# DAS WASSERMANN-ZEITALTER

*Das sind die, welche aus der großen Trübsal kommen und ihre Kleider
gewaschen und sie weiß gemacht haben im Blut des Lammes.*
Offenbarung 7, 14

*Ich geriet am Tage des Herrn in Verzückung und hörte hinter mir eine starke
Stimme wie von einer Posaune.*
Offenbarung 1, 10

*Siehe, ich sage euch ein Geheimnis: wir werden nicht alle entschlafen, wir
werden aber alle verwandelt werden.*
*Im Nu, in einem Augenblick, bei der letzten Posaune; denn die Posaune wird
erschallen, und die Toten werden auferweckt werden unverweslich, und wir
werden verwandelt werden.*
*Denn dieses Verwesliche muss anziehen Unverweslichkeit und dieses Sterbliche
anziehen Unsterblichkeit.*
1.Korintherbrief 15, 51-53

*Denn wir sehen jetzt mittels eines Spiegels in rätselhafter Gestalt, dann aber
von Angesicht zu Angesicht. Jetzt ist mein Erkennen Stückwerk, dann aber
werde ich völlig erkennen, wie ich auch völlig erkannt worden bin.*
1.Korintherbrief 13, 12

Ihr steht an den Pforten eines neuen Zeitalters, und viele unter euch
fragen sich, was es der Menschheit bringen wird. Die Antwort darauf
hängt weitgehend davon ab, inwieweit Männer und Frauen darauf vor-

45

bereitet sind, sich über den Materialismus zu erheben und die Wahrheit eines geistigen Lebens, die Tatsache, dass sie geistige Wesen sind, anzunehmen. Jenseits eures physischen Körpers und eurer Persönlichkeit, die eure irdischen Gefährten kennen, liegt euer wahres Selbst, das aus den Lichtsphären – eurer wahren Heimat – herabgestiegen ist, um sich auf der Erde zu manifestieren. Dieses Selbst vermag sich aber nicht vollkommen in den niederen Trägern zu offenbaren, da diese noch nicht bereit sind, den wunderbaren Geist aufzunehmen. In eurem Alltag arbeitet ihr an diesen Trägern, den emotionalen, mentalen, ätherischen und allen feinstofflichen Körpern. Sobald eure niederen Körper aufgrund von Disziplin und Einweihung bereit sind, kann sich euer Geist weitgehend durch eure physische Form manifestieren.

Ein neues Zeitalter lässt sich mit einem neuen Jahr vergleichen. Viele Leute pflegen zu Beginn eines neuen Jahres Vorsätze zu fassen. Andere hingegen nehmen Abstand davon, da sie der Ansicht sind, Vorsätze seien dazu da, gebrochen zu werden. Wir glauben, gute Vorsätze bilden die Stufen auf dem Weg nach oben. Jede Anstrengung, die die Seele unternimmt, um sich von einer niederen zu einer höheren Ebene aufzuschwingen, fördert den Charakter. Kein Bemühen ist umsonst, sondern ein Schritt auf dem lichten Pfad, der euch alle schließlich in das Goldene Zeitalter führen wird.

Manche mögen fragen: „Wie können wir wissen, ob wir uns überhaupt einem solchen Zeitalter nähern? Kann es möglich sein?" Wir wissen es, meine Brüder, denn wir haben die Aufzeichnungen der Vergangenheit studiert, in denen es heißt, dass die Menschheit früher bereits in solchen goldenen Epochen gelebt hat. Einer eurer großen Wissenschaftler weist auf einige entwickelte und fortgeschrittene Seelen hin, die er als Stellvertreter der Spitzen des Menschengeschlechts betrachtet.*

Wenn es auf geistiger und materieller Ebene menschliche Höchstleistungen gibt, muss es einen Gipfel geben, dem die gesamte Menschheit

---

* White Eagle spricht von Sir Oliver Lodge, dem Physiker und Pionier der spiritistischen Bewegung Anfang des zwanzigsten Jahrhunderts.

im Laufe des Lebensprozesses zustrebt. Wir sprechen von dem, was wir in der Akasha-Chronik gefunden haben. Das Menschengeschlecht hat früher in einem Zustand der Vollkommenheit, Harmonie, Schönheit und Liebe gelebt. Dann setzte der unvermeidliche Niedergang ein, und nun gibt es wieder einen Aufstieg.

Wir wollen euch von einem Mann erzählen, der des materiellen Lebens überdrüssig war. Er hatte alles erreicht, was er wollte; er besaß alles, was er sich wünschte, und es blieb nichts, das ihn hätte erfreuen oder zufriedenstellen können. Eines Tages begegnete ihm ein kluger Mann, ein Weiser, der sah, dass sein jüngerer Bruder beunruhigt und unglücklich war. Er fragte ihn nach dem Grund. Der Mann erwiderte, er sei lebensmüde und krank an Geist und Seele. Der Weise versprach, ihm aus seiner Verzagtheit herauszuhelfen und in ein neues Leben zu führen, falls er sich bereit erklärte, Prüfungen und Zerreißproben auf sich zu nehmen. Er wies auf die fernen Berge und sagte zu dem Mann: „Betrachte diese sonnenbeschienenen Gipfel. Wenn du Glück und Wahrheit, Zufriedenheit und Seelenfrieden finden willst, musst du diese goldenen Höhen erklimmen."

Der Mann erkannte, welche ungeheure Aufgabe vor ihm lag. Er ging nach Hause und dachte über die Worte des Weisen nach. Es fehlt uns an der Zeit, die ganze Geschichte zu erzählen, aber nach einer langen Reise erreichte unser Freund jene goldenen Höhen und begegnete dort geistigen Gefährten, die den gleichen Weg gewandert waren. Auf diesen Gipfeln fand er ein Leben der Vollkommenheit und Schönheit sowie die Befreiung von den Sorgen und Leiden, die ihn auf den Ebenen und in den Tälern begleitet hatten. Angesichts einer solchen Fülle beseelte ihn nur noch ein Wunsch. Er wollte wieder zurückkehren und seinen Schwestern und Brüdern in den Tälern helfen, dieselbe Straße zu wandern und die Gipfel des Glücks, die sein gewesen waren, ebenfalls zu erreichen.

Jene goldenen Höhen warten auf euch und jede andere Seele. Zuerst aber müsst ihr alle falschen Werte abstoßen und erkennen, dass das Wichtigste im Leben das Erwachen des Gottesgeistes im eigenen Herzen ist.

Ihr müsst die tiefe, ewige Wahrheit erfassen, dass euch irdische Dinge nicht begrenzen können. Ihr lebt nicht bloß für einen bestimmten Zeitraum auf einer materiellen Daseinsebene. Ihr seid Geist; und als Geist seid ihr Tochter oder Sohn Gottes. Als Kinder Gottes habt ihr Anspruch auf euer Geburtsrecht – die Macht des inneren Geistes, euch von den Fesseln in einer materiellen Welt zu befreien.

Ihr werdet einwenden: „Das ist alles gut und schön, aber wir sind in eine materielle Welt hineingeboren worden und müssen nach ihren Gesetzen leben." Ihr habt Recht und Unrecht, meine Freunde. Es trifft zu, dass ihr in das Fleisch geboren wurdet, aber ihr seid Geist; und ihr befindet euch dort, damit euer Geist erwacht und wächst und sich seines göttlichen Erbes bewusst wird. Das irdische Dasein schränkt euch nicht ein. Millionen von Menschen glauben tatsächlich, dass mit dem Tode ihres Körpers auch sie sterben. Wie überrascht werden sie sein, wenn sie den Körper träge und leblos daliegen sehen und sich selbst noch bewusst erleben, obwohl es ihnen an der Kraft fehlt, ihren toten Körper zu erwecken. Der Geist ist auf diese Weise freigesetzt worden und bewegt sich in einer geistigen Welt, die die Erdebene unmittelbar umgibt.

Es hängt so viel von euch, die ihr ein wenig über die geistigen Dinge wisst, ab. Durch eure guten Vorsätze und Bestrebungen helft ihr nicht nur euch selbst, sondern der ganzen inkarnierten Welt und auch den Welten, die euch umgeben, den Welten der körperlosen Seelen. Euer kleines Licht, das in der Dunkelheit der Erde leuchtet, kann Millionen von körperlosen Seelen anziehen, die von euch lernen, wenn ihr geistig stark und entschlossen seid und euren Blick auf die Gipfel gerichtet haltet. Die Welt von morgen wird sich auf die Vorsätze, Bestrebungen und Entscheidungen der Menschen von heute gründen. Falls diese Welt das einzige Ziel eurer Hoffnungen ist, kann sie nur entstehen, wenn ihr euch zur geistigen Stärke bekennt und stark seid im Licht des kosmischen Christus, der in euch und außerhalb von euch lebt.

Wir haben von den unzähligen körperlosen Seelen gesprochen, die von dieser Erde angezogen werden. Glaubt nur nicht, dass es sich dabei ausschließlich um unentwickelte Seelen handelt. Im Gegenteil, es gibt viele Gruppen und Gemeinschaften körperloser Seelen, die gewöhnlich als die Brüder und Schwestern im Licht bekannt sind, die Gemeinschaft der "Sternbruderschaft". *Das sind die, welche aus der großen Trübsal kommen und ihre Kleider gewaschen und sie weiß gemacht haben im Blut des Lammes.* Sie haben die Wertlosigkeit des Materiellen erkannt. Sie haben den Berg erklommen und den Gipfel erreicht. Sie wissen jetzt, was allen Männern und Frauen bevorsteht, die den Willen besitzen, ihr Leben auf den geistigen Wahrheiten und Prinzipien aufzubauen.

Nur wenn diese geistigen Prinzipien überall angewendet werden, meine Brüder, wird das Goldene Zeitalter jemals eintreten. Ein solches Zeitalter wird sich nicht auf materiellen und wissenschaftlichen Errungenschaften gründen, sondern auf ein schlichtes, gütiges Herz. Es wird von denjenigen Seelen aufgebaut werden, die gelernt haben zu unterscheiden und die erkennen, dass jedem Fortschritt eine Entwicklung der geistigen Einstellung unter den Menschen vorangeht. Die enge Sichtweise eines übermächtigen und zerstörerischen Intellekts kann die Welt – oder zumindest die in dieser Welt lebende Bevölkerung – nur in ein ungeheures Chaos stürzen.

Euer einziger Weg ist der Weg des Geistes. Wir haben die Straße überquert und wissen etwas von der Wahrheit; und wir sagen euch, dass der geistige Pfad unmittelbar vor euch liegt. Schiebt die geistigen Dinge nicht mit den Worten beiseite: „Es ist schon recht; ich weiß, ich werde nach dem Tod meines Körpers weiterleben; ich werde zu einem wunderschönen Ort gehen. Alles andere zählt nicht. Ich kümmere mich nicht um die streitsüchtigen Leute. Ich gehe meinen eigenen Weg." So solltet ihr nicht denken; ihr könnt nicht ein Leben führen, das sich um persönliche Freude dreht, während ihr von Männern und Frauen umgeben seid, die leiden. Wie unbedeutend ihr euch auch fühlen mögt, ihr müsst dem innewohnenden Christus-Geist treu bleiben – der Liebe, dem guten Willen und der Bruderschaft. Ihr müsst den geistigen Pfad beschreiten und in jedem Augenblick ein noch geistigeres Leben anstreben. Hüllt euch nicht wie ein Pharisäer in eure Gewänder, sondern seid erfüllt von Mitgefühl und Verständnis für die Menschheit und ihre Nöte.

Das kommende Wassermann-Zeitalter wird der Menschheit Möglichkeiten bieten, die sie nutzen oder missbrauchen kann. Dies gilt für die individuelle Seele ebenso wie für die gesamte Welt. Ihr müsst für das Glück und den Segen arbeiten, mit denen das Gesetz Gottes die Menschheit überschüttete. Das Wunderbare in diesem neuen Zeitalter ist die Seite an Seite verlaufende Entwicklung der menschlichen und göttlichen Natur, des menschlichen und des göttlichen Wesens. Ihr werdet wohl bemerkt haben, dass eine starke mentale Entwicklung Gefahren in sich birgt. Daneben wird es eine Möglichkeit großer geistiger Entfaltung geben. Daher werden in der neuen Epoche die Männer und Frauen Selbstverwirklichung erlangen, die Verwirklichung ihrer eigenen Seelen- und Geisteskräfte.

Wir wiederholen, ihr seid beides, göttlich und menschlich. Keiner dieser beiden Aspekte darf vernachlässigt werden. Es ist von größter Bedeutung, dass die menschliche Seite der Natur ebenso in der richtigen und wahren Weise eingesetzt wird wie die göttliche, deren Wachstum ebenfalls unterstützt werden muss. Der Meister Jesus kam in dem vergangenen Fische-Zeitalter, um der Menschheit diese eindeutige Lehre zu bringen. Er verkörperte das Menschen- und das Gottwesen. Er vermochte in die Schmerzen und Freuden seiner Brüder und Schwestern einzudringen. In den kleinen Dingen fand er seine größte Freude. Nicht wie ein Lasttier arbeitete er auf den Feldern, sondern als Sohn Gottes, um seinem Bruder, seiner Schwester zu dienen. Seine Göttlichkeit leuchtete durch seine Menschennatur.

Beide Aspekte müssen in euch miteinander verschmelzen. Dies geschieht nicht auf einmal. Es bedarf einer Menge Seelenarbeit, ehe die Menschheit die Eigenschaften des Wassermann-Zeitalters aufzuweisen vermag. Es wird wunderbar sein; aber alle Dinge dieser Art müssen verdient werden. Männer und Frauen haben in diesem neuen Zeitalter die Kunst zu erlernen, sich selbst zu geben. Betrachtet das Leben des Meisters Jesus und ihr werdet erkennen, dass er sich vollkommen hingab. Die gesamte Menschheit muss sich im Wassermann-Zeitalter in gleicher Weise verhalten, wenn sie sich der Gaben erfreuen möchte, die im Unsichtbaren darauf warten, in das Sichtbare übertragen zu werden. Ihr müsst daher lernen, euch rückhaltlos hinzugeben. Das bedeutet nicht, sich selbst zu kreuzigen, sondern vielmehr auf die selbstsüchtigen Wünsche der sterblichen Persönlichkeit zu verzichten und die Dinge im richtigen Verhältnis zu sehen. Ihr müsst zwischen Wichtigem und Unwichtigem unterscheiden. Ihr solltet den besseren Weg wählen – den schmalen Pfad – obwohl er nicht gerade einladend wirkt.

Die kommende Epoche wird der Menschheit große Veränderungen bringen. Die Schwingung der Erde verändert sich; die Erdsubstanz selbst und der physische Körper ändern sich. Für diejenigen, deren eigene Seelenschwingung nicht stark genug ist, den mächtigeren Erdschwingungen standzuhalten, wird gesorgt werden, aber sie werden eine Zeitlang schlafen, bis der nächste große Chor die Auferstehung der Toten oder Schlafenden verkündet. Beim Schall der Posaune werden sie sich vom Schlaf erheben! Der Eingeweihte vernimmt den Klang der Posaune und erhebt sich aus dem Grab – der grobstofflichen Ebene des Lebens. Sich von den Toten zu erheben, bedeutet, das Grab des Materiellen zu verlassen.

Denkt bei Beginn des Wassermann-Zeitalters, der Epoche der Liebe und Brüderlichkeit, an die Gnade Gottes. Wenn ihr euren Teil dazu beitragt und euch stets bemüht, tolerant zu sein und Gott und seiner Barmherzigkeit vertraut, werdet ihr zu einem immer reineren und größeren Kanal für den mächtigen Strom der Christus-Liebe und des Christus-Lichtes werden, die selbst jetzt auf euch herabsteigen. Im Augenblick ergießt sich die Christus-Kraft über die Erde und heilt Wunden.

Angesichts des neuen Zeitalters beten wir, die wir mit der Menschheit arbeiten, dass Männer und Frauen ihr wirkliches Wesen und den Sinn ihres irdischen Lebens erkennen. Sie werden mit der physischen Ebene in Verbindung gebracht, um zu lernen und das höchste Maß an Freude und Glück, das die Erde zu bieten hat, erleben zu können. Die Menschen werden nicht geboren, um zu leiden. Dies behaupten wir ohne Vorbehalte. Jeder von uns wurde geschaffen, um Freude und Glück kennenzulernen. Es gibt nur einen Weg dorthin, den Weg geistiger Erkenntnis. Ein solches Glück währt ewig; es dauert nicht nur ein Leben lang.

Ihr seid Wegbereiter. Ihr besitzt die Möglichkeit, den jüngeren Brüdern weiterzuhelfen und sie auf ihrem Pfad, hinauf zu den goldenen Höhen, zu unterstützen. Während ihr Hand in Hand (das heißt die Hand des Wohlwollens, der Hilfe und des Mitgefühls in allen Situationen irdischen Lebens zu reichen) mit eurem Bruder und eurer Schwester über die Erde wandert, werdet ihr von Wesenheiten aus vergangenen Goldenen Zeitaltern geführt, inspiriert und erleuchtet, die jetzt kommen, um die Menschheit aufzurütteln und ihr auf ihrem Weg in das Sonnenlicht beizustehen. Möget ihr alle Glück, Heiterkeit und eine dauerhafte Gewissheit erlangen.

## WIE WIRD DAS WASSERMANN-ZEITALTER AUSSEHEN?

Wunderbare Eigenschaften der menschlichen Natur werden in dieser Epoche zutage treten. Schon heute leben Männer und Frauen länger in ihrem physischen Körper, und in Zukunft wird sich die Lebensspanne noch weiter ausdehnen. Das Leben auf der Erde dauert länger, weil mit individueller Entwicklung der Mensch die göttliche Weisheit berührt, ohne sich dessen am Anfang bewusst zu sein. Diese göttliche Wahrheit wird nur ganz allmählich durch den Mentalkörper sickern. Mit Beginn der neuen Epoche erstarkt der Mentalkörper, aber die Menschheit hat bereits einen Punkt auf der Evolutionsspirale erreicht, an dem sie über ein geistiges Gleichgewicht verfügt, was die zerstörerischen Gedankenkräfte auf Dauer in Schach hält. Die Pioniere des neuen Zeitalters sind Menschen wie ihr. Die unsichtbaren Kräfte schauen auf euch und andere Gruppen, dass ihr der Erde dieses höchste Licht bringt, jene geistige Eigenschaft, die die mächtige Gedankenkraft in Schranken halten muss. Man könnte die beiden Aspekte (geistige Stärke und Gedankenkraft) auch als Gegenpole betrachten, die ebenso wie Kraft und Energie für die Entwicklung und Erhaltung der physischen Materie notwendig sind. Die Wissenschaft wird der Menschheit zum Segen gereichen, wenn sie aus dem Geist des Herzens betrieben wird. Eine Verschmelzung des spirituellen Strebens und des wissenschaftlichen Denkens wird der Welt wunderbare Dinge enthüllen. Es wird eine Zeit geben, in der jeder Mann und jede Frau aufgrund von Selbstbeherrschung ein Gotteskind wird. Wir sehen eine wunderbare Welt. Wir sehen Städte, die nicht nur aus Materie erbaut sind, sondern die in einem geistigen Licht erstrahlen, dessen Kraft für die irdischen und materiellen Bedürfnisse nutzbar gemacht wird. Wir sehen elegante und geräumige Gebäude, deren Zimmerwände leuchten, obwohl es keine Lichtquelle zu geben scheint. Dieses Licht sorgt für die erforderliche Wärme, aber wir sehen auch einen kommenden Klimawechsel.

Seelen, die sich zur Zeit auf ihre Wiedergeburt vorbereiten, werden in einer Weise gestärkt – wozu auch ihr beitragt, wenn ihr für das Licht arbeitet – dass Persönlichkeiten, die als Neugeborene eure Welt betreten, die Erinnerung an die Schönheit der geistigen Welten mitbringen. Die Bauwerke des neuen Zeitalters werden ein Gedicht in Stein sein. Die Schönheit hat bereits ihren Ausdruck in Bauwerken der Gegenwart und Vergangenheit gefunden. Selbst die noch erhaltenen Ruinen zeigen Größe und Macht, doch ihr müsstet erst die Zartheit und Schönheit einer zukünftigen Bauweise mit ihrer unsagbar schönen Linienführung sehen! Diese Bauwerke entstehen mit der Entwicklung des Gottesbewusstseins, wenn die Menschheit beginnt, über die Mentalebene hinaus zu himmlischen Sphären zu gelangen. Dann wird etwas von der Schönheit dieser Himmelswelten einfließen.

Es wird keine extreme Hitze oder Kälte mehr geben, da sich das Klima den Bedürfnissen der Menschen anpasst. Dies mag wie ein Märchen klingen, doch sobald ihr euer inneres Schauen entfaltet, beginnt ihr, die Möglichkeiten zu erkennen, die sich für die Menschen ergeben, da sich die geistige Kraft klarer manifestiert. Die Herrschaft des Geistes über die Materie wird sich in allen Lebensbereichen äußern, in Kunst und Wissenschaft und im Leben der Menschen selbst.

Das Wassermann-Zeitalter wird einen Umschwung im Bildungswesen, in der Religion und Wissenschaft bringen. Statt rein intellektueller Studien, die den Verstand blockieren und abstumpfen, wird der Geist von den neuen Einflüssen durchdrungen; Schwingungen der Schönheit, Farbe, Kunst und harmonischer Formen werden die Intuition der Kinder entfalten und anregen. Die Äther-Ebene beherbergt riesige Bibliotheken, in denen die Seele forschen kann. Dies sind die Möglichkeiten des Wassermann-Zeitalters. Anstatt sich mit Wissen vollzustopfen, wird in einer Weise unterrichtet werden, die die Seele zutiefst berührt und das in ihr schlummernde Wissen hervorbringt. Wissen und Weisheit kommen hauptsächlich aus dem Inneren, und mit dem richtigen Ansporn und Bemühen vermag die Seele die Früchte allen Wissens und aller Weisheit zu entfalten.

Auch die Musik und die Sprache werden in Zukunft eine Rolle spielen. Heute schon wird in den Menschen die Liebe zur Musik geweckt. Die Macht der Musik wird stärker werden. Die Schönheit selbst wird zunehmen. Schöne Musik regt die Gedankenkräfte an und öffnet das Herz-Zentrum. Eine solche Musik wird die Schwingungen der Erde heben. Sie wird die Seelenentwicklung der Rasse stark beeinflussen. Bauwerke mit der angemessenen Akustik werden Ausgangspunkt dieser Musik sein, die in das Leben der Menschen fließt. Die Musik ist ein Werkzeug, eine Straße, ein Kanal, durch die diese starken Geisteskräfte in die Menschheit strömen und die schlummernden Fähigkeiten des Einzelnen anregen.

Musik ist ein wunderbares Werkzeug. Die Musik ist eine wundervolle Kunst, denn sie bringt Farben hervor, wie ihr sie noch niemals gesehen habt. Der Gebrauch des Kehlkopf-Zentrums, der Gebrauch der Sprache, ist von großer Bedeutung. Im neuen Zeitalter wird die Schönheit der Sprache bei der Schaffung des Guten eine Rolle spielen.

Die geistige Sprache besitzt Allgemeingültigkeit. In den höheren Sphären gibt es nur eine Sprache. Zur gegebenen Zeit wird die Vereinigung aller Rassen auf der Erde unweigerlich *eine* gemeinsame Sprache des Geistes mit sich bringen, die sich durch dieselbe Sprechweise ausdrückt.

Das Ohr wird wunderbare Musik vernehmen und das Auge Schönheit wahrnehmen. Die Schönheit offenbart sich überall im Leben – Schönheit als Ausdrucksform des Geistes. Schönheit nicht als Schaffung des Intellekts, sondern als eine Offenbarung des Göttlichen in sich selbst.

Bewegung, Sprache und Musik sind im Ritual miteinander verbunden, und das Ritual steht im Zusammenhang mit der Nutzung unsichtbarer Kräfte. Der richtige Sprachgebrauch bedeutet, dass diese Kräfte Form annehmen oder auf bestimmte irdische Zentren oder Orte gerichtet werden. Es handelt sich dabei um die Auswirkungen einer schöpferischen Energie. Die Sprache ist ein bedeutendes Werkzeug zur Beherrschung übersinnlicher Kräfte.

Der Tanz spielte eine wichtige Rolle in den Tempeln der Vergangenheit. Ein Hellseher kann beobachten, wie die Bewegungen eines geschulten Tänzers, der aus dem Geist heraus und nicht nur mit dem Verstand arbeitet, ständig wundervolle leuchtende Formen hervorbringen. Überall, wo der Tänzer auftritt, begleiten ihn diese ätherischen Lichtformen. Solche Figuren, die im höheren Äther aus Licht gebildet wurden, verfestigen sich mit der Zeit und werden in die Materie herabgebracht. Im kommenden Zeitalter spielen Bewegungen nicht nur im Hinblick auf den Körper und die Verlängerung und Gesundheit des Lebens eine bedeutende Rolle, sondern auch bei der Schaffung und Neuschaffung des Lebens. Bewegung und Sprache sind sehr wichtig. Vielleicht freut ihr euch, dass dies alles zur geistigen Entwicklung gehört. Kunstwerke werden zu lebendigen Schöpfungen, und die Schwingungen der Natur werden erhöht und beschleunigt. Der schöpferische Geist wird die Gärtner in einer Weise schulen, dass die Gärten einem Schrein der Schönheit gleichen. Ihr fragt: „Können wir die Natur übertreffen?" Ein reiner Geist, der durch den Verstand von Gottes höchstem Geschöpf auf Erden –

dem Menschen – wirkt, wird der Schönheit in der Bearbeitung und Beherrschung der Natur Ausdruck verleihen. Wir sprechen aus Erfahrung. Wir wissen, was wir in den höheren Welten gesehen haben. Wir wissen, dass die Natur, wie ihr sie auf der Erde erblickt, nicht vollkommen ist. Aber mit Hilfe von Männern und Frauen, die im Einklang mit der Natur arbeiten, wird sie sich weiterentwickeln. Wir sehen tatsächlich eine wunderbare Erde!

## DER SIEBTE STRAHL

Vielleicht habt ihr schon manches über den siebten Strahl gehört, der besonders im Wassermann-Zeitalter in Kraft treten wird.*
Dieser Strahl wird als der Strahl des Rituals, der Zeremonie, der Bruderschaft und der übersinnlichen Entwicklung betrachtet; wir werden ihn hier den Strahl der Schönheit nennen. Mit anderen Worten, es ist das Zeitalter der Entfaltung innerer seelischer Kräfte; aber das Wirken des siebten Strahls nimmt auf der materiellen Ebene auch noch andere Formen an. Er steht unter anderem in Zusammenhang mit der Entwicklung der Physik. Der siebte Strahl wird von den Weisen, die unter dem Aspekt der göttlichen Weisheit und Macht wirken, bewacht und beschützt. Um die wahre Entfaltung der geistigen Kraft im Menschen und die richtige Anwendung der Wissenschaft auf psychischer, geistiger und materieller Ebene zu fördern, ist es notwendig, dass das Wissen jeder Seele durch den innewohnenden Christus-Geist ein Gleichgewicht findet.

Das Wassermann-Zeitalter ist eine Epoche des Geistes, ein mentales Zeitalter; dennoch gibt es in ihm beide Aspekte, den wissenschaftlichen wie auch den geistigen. Männer und Frauen, die diesen schwierigen Pfad beschreiten, sich sozusagen auf Messers Schneide bewegen, werden sich vielen schwierigen, persönlichen, nationalen und kommunalen Lebenssituationen gegenübersehen. Die bewusste Vereinigung des menschlichen und göttlichen Geistes bildet die Grundlage von allem. Wir, die wir der

*Der siebte Strahl wird von White Eagle im *White Eagle Engel-Buch* ausführlich besprochen

Sternbruderschaft angehören, kehren aus einem einzigen Grund zu euch zurück – um euch zu helfen, das geistige Leben und die Bruderschaft allen Lebens zu erkennen. Es geht um das Erwachen inneren Schauens, das Erwachen der Seele für die geistigen oder inneren Welten – die Welten des Lichts, des Glücks und der Harmonie, an denen sich der Mensch göttlicher Bestimmung zufolge erfreuen soll. Über der großen Bruderschaft in den Himmeln erstrahlt im Leben dieses vollkommenen Wesens der Christus-Stern – das Symbol des Christus im Menschen. Die geistige Kraft, die auf die Menschheit herabsteigt, wird durch das mit der Spitze nach unten weisende Dreieck versinnbildlicht, das die Menschennatur durchdringt und ausgleicht. Der Mensch wird durch die Geburt Christi, das erhabenste Geschehen auf diesem Planeten, vervollkommnet. Die Weiterentwicklung aller Aspekte des siebten Strahls – die Entwicklung der geistigen Wissenschaft und das Erwachen menschlichen Bewusstseins – wird dies verdeutlichen.

## REVOLUTION ODER EVOLUTION?

Im neuen Zeitalter werden viele unerwartete Dinge geschehen. Die Welt wird sie als Wunder bezeichnen. Aus verschiedenen Richtungen wird ein Lichtstrahl hervorbrechen, um die Dunkelheit der Erde zu erleuchten. Man wird eine Revolution beobachten, aber nicht von der Art, die ihr kennt, sondern eine Revolution der Gedanken und Vorstellungen.

Die Wahrheit der vor langer Zeit gegründeten Bruderschaft der uralten Weisheit und des weißen Lichts wird auf der Erde neu Fuß fassen. Überall auf der Welt werden sich Gruppen bilden, und selbst die Regierungen der Nationen werden sich aus Männern und Frauen zusammensetzen, die in die uralte Lichtbruderschaft der Kinder Gottes eingeweiht wurden. Die Weisheit des Ostens wird sich im Westen ausbreiten und auf der äußeren Ebene in die Regierungs- und Geschäftswelt einfließen. Es scheint unmöglich zu sein, dass sich der Geist des Gottessohnes in die Geschäftswelt begibt, aber es wird geschehen. Anstelle von Wettbewerb wird es im Wassermann-Zeitalter Zusammenarbeit, Brüderlichkeit und Wohlwollen geben. Das Menschengeschlecht wird sich nicht mehr mit einer Kirche abfinden, die eine Politik betreibt, die ihr Macht über die Leute verschafft. Der Einzelne will keine Kirche mehr, die ihm die Wahrheit auslegt. Die Menschen dulden keine Schranke, die zwischen ihnen und Gott liegt. Jeder wird sein eigener Priester oder seine eigene Priesterin werden, um die Wahrheit auszulegen; und die Menschheit wird die Weisheit der fernen Vergangenheit wiedererlangen, jene Weisheit, die sie zu Zeiten der untergegangenen Kontinente besessen hatte. Man wird diese uralte Weisheit verstehen und die eigene Regierung nach ihren Gesetzen ausrichten. Die Gesetze werden ihren Niederschlag im Handel und in jedem Aspekt des Alltags finden. Das Leben gründet sich auf den Geist, und die Menschen leben und achten die Brüderlichkeit. Veraltete und überholte Glaubensbekenntnisse und Dogmen werden im Nichts verschwinden und in Vergessenheit geraten. Die Kirchenmacht wird zerfallen. Selbst die Regierungsformen, an denen die Menschheit jahrhundertelang festgehalten hat, werden wegfallen, und unter der Führung der Kosmischen Hierarchie wird es eine Regierung für alle geben – nicht nur eine, die die Rechte einiger weniger wahrt. An der Methode, die Führer aller Nationen für das Ideal des guten Willens zu begeistern und in ihnen die Vorstellung vom Guten in der gesamten Menschheit zu wecken, wird bereits gearbeitet. Dies wird zur allgemeinen Brüderlichkeit zwischen den Einzelnen und den Nationen führen.

Es kommen große Veränderungen. Bleibt ruhig, einfach, bescheiden und verströmt aus dem Herzen nach Kräften echte Brüderlichkeit; so werdet ihr nicht eine Revolution, sondern eine ständig fortschreitende Evolution unterstützen. Was kommt vorher? Wird der Einfluss des Uranus Überflutungen und Erdbeben hervorrufen und fortspülen, was im neuen Zeitalter unerwünscht ist? Oder wird das scheinbar Nutzlose in sein Gewebe mit hineingewoben? Es hängt so viel von der Reaktion derjenigen ab, die jetzt auf der Erde leben und schon Verständnis entfaltet haben. Welche gewaltige Verantwortung ihr tragt! Ihr seid wahre Erbauer – Meister-Freimaurer – und euer Meister, der große Architekt, hat seine Anweisungen nicht durch die Lippen irgendeines Menschen gegeben, sondern durch das Herz. Der Saturn-Einfluss hat Leid und Einschränkungen gebracht, und im Herzen erklingt das Losungswort, das die Pforten zum Wassermann-Zeitalter weit aufstößt.

Es müssen gewaltige Umwälzungen eintreten, die nicht unbedingt physischer, sondern vielleicht seelischer Natur sind – eine Revolution, bei der kein Blut vergossen werden muss, eine Gedankenrevolution. Der Geist des Menschen wird sich erheben und sprechen: „Wir können unseren Bruder, unsere Schwester nicht erschlagen." Sein ganzes Sein wird sich gegen den Krieg wehren. Wir können bereits beobachten, wie sich der Einfluss des neuen Zeitalters in die Herzen der Menschen schleicht und die Forderung nach Frieden, Gleichheit und Brüderlichkeit sowie auf das Recht nach geistigem Ausdruck und einem harmonischen Leben in Freiheit laut wird. Der neue Mensch besteht darauf, Gott in der ihm eigenen Weise verehren zu können. Langsam dringt jener Geist in die Herzen der Menschen, der spricht: „Jenseits der materiellen Welt gibt es noch andere Welten; außer der Anhäufung von materiellem Wohlstand und Macht – die auf Dauer verblassen und nur Staub und Asche zurücklassen – gibt es noch andere Lebensideale."

## DIE WEISSE ROSE

Stelle dir einen Tempel vor – einen kleinen, runden, weißen Tempel mit einem Kuppeldach, der in einem wunderschönen Waldgebiet steht. In der Mitte dieses Tempels befindet sich ein kleiner Altar; und auf dem Altar steht eine vollkommene weiße Blume. Sie ist von einem reinen Weiß, und die Blütenblätter sind geöffnet, um die Sonnenstrahlen aufzufangen, die zwischen den Säulen hereinfallen, die das Kuppeldach stützen. Dieser Tempel wird der *Friedenstempel* genannt. Er ist wirklicher, massiver und dauerhafter als alle Gebäude auf eurer Erde. Diese werden zerfallen und vergehen, aber geistige Tempel sind ewig wie der Kosmos.

Die Friedensblume auf dem Altar verströmt einen wunderbaren Duft. Die Duftwellen, die du mit deinen geistigen Sinnen aufnimmst, erwecken ein Gefühl des Friedens in deiner Seele, das sich in der Atmosphäre widerspiegelt. Die Seele verströmt den Duft von Frieden, ein Reservoir an Frieden, das sich fortwährend vermehrt und Gleichmut in die Welt sendet. Die Engel nehmen diesen Duft, um die Herzen derer zu berühren, die in ihren starren Ansichten gefangen sind.

Die weiße Rose – das Symbol der Reinheit und lauteren Liebe – ist das Symbol des Johannes, desjenigen, der mit Jesus am engsten zusammenarbeitet. Sie ist das Symbol eines Teils oder eines Aspekts der dualen Seele Jesu. Die weiße Rose weckt in euch die reine Liebe, die göttliche Liebe. Die weiße und die rote Rose versinnbildlichen zwei Lebensaspekte; die weiße Rose ist reiner Geist, und die rote Rose die geistige oder Menschenseele, nachdem sie tiefgreifende menschliche Erfahrungen gesammelt hat.

Viele von euch quälen sich und erleiden großen Kummer, bestehen zahlreiche Prüfungen und Schwierigkeiten. Alle Probleme von Krankheit, Verlangen und Armut (die Frage des Wohlstands für alle) könnten gelöst werden, wenn die Menschheit bereit wäre, das Gesetz der Liebe zu lernen und zu verstehen. Welch eine Zeit der Hoffnung! Was erhofft ihr? Alle möglichen Dinge. Ihr hofft, dass die Menschheit aus ihrem Albtraum erwachen und den wahren Lebenssinn erkennen wird. Wie gegen Ende des Winters, hofft ihr, dass die hellen Frühlingstage bald kommen, die Knospen aufbrechen und sich die grünen Blätter entfalten werden. Warum hofft ihr? Weil ihr der Natur vertraut. Warum hofft ihr, dass die Menschheit aus ihrem bösen Traum erwachen und versuchen wird, Brüderlichkeit und Wohlwollen auf der Erde einzuführen? Weil ihr wisst, dass es in jedem Mann und in jeder Frau einen Gottesfunken gibt. Hoffnung bedeutet, Vertrauen in eine unsichtbare Kraft und Vertrauen in Gott zu haben.

Im Herbst könnt ihr an den Zweigen kleine braune Anschwellungen beobachten. Am Ende des Winters brechen sie auf und zeigen kleine, zarte Schösslinge. Dies gibt euch die Hoffnung auf längere Tage, auf Blüten und Früchte. Ihr hofft auf die Ernte, bevor der nächste Winter kommt. Ihr habt Vertrauen in einen Gott, der auf diese Weise die göttliche Lebenskraft auf physischer Ebene manifestiert, sogar in der Fleischwerdung des Gottessohnes. Dies könnt ihr sehr einfach in Männern und Frauen beobachten, die erklären, weder zu glauben noch zu hoffen. Dennoch sind sie freundlich zueinander. In dieser Freundlichkeit bringt sich die Christus-Kraft zum Ausdruck. Das lässt uns alle hoffen, dass sich diese strahlende, ewige Wesenheit auf Erden offenbart.

Blicken wir der Wiederkunft Christi entgegen? Sehen wir nun die winzigen Knospen, die grünen Schösslinge der Freundlichkeit im Menschengeschlecht hervorbrechen, so dass wir hoffen können, dass die Welt zu Christus emporgehoben wird? Er brachte uns die eine höchste Wahrheit (die die Welt immer noch erkennen muss) der Brüderlichkeit und Liebe. Nur Liebe vermag dem Einzelnen Glück zu bringen; und Gott wünscht, dass seine Kinder glücklich sind.

Wenn die Liebe ins Herz dringt, führt sie zur Erleuchtung, was bei geistigen Helfern als Licht wahrgenommen werden kann. Ein Mann oder eine Frau mit Liebe im Herzen leuchtet wie eine kleine Fackel. Liebe bringt Erleuchtung und Licht. Wenn die Liebe die gesamte Menschenfamilie erfasst, wird es so viele Lichter geben, dass sich der Nebel auflöst. Dann werden wir einander sehen, wie der heilige Paulus sagt, nicht *durch ein Glas, undeutlich, sondern von Angesicht zu Angesicht*; und wir werden erkennen, so wie wir erkannt werden.

# VI

## RELIGION: EINE UNIVERSELLE BRUDER-SCHWESTERNSCHAFT

*Denn wo zwei oder drei in meinem Namen versammelt sind,*
*da bin ich mitten unter ihnen.*
Matthäus 18, 20

*Und wenn ich von der Erde erhöht bin, werde ich alle zu mir ziehen.*
Johannes 12, 32

*ICH BIN, DER ICH BIN.*
Exodus 3, 14

*Ich bin das A und das O, der Anfang und das Ende, spricht der Herr.*
Offenbarung 1, 8

*Ihr könnt nicht Gott dienen und dem Mammon.*
Matthäus 6, 24

*Und siehe, der Vorhang im Tempel zerriss von oben bis unten in zwei Stücke.*
Matthäus 27, 51

*Und er wird alle Tränen abwischen von ihren Augen, und der Tod wird*
*nicht mehr sein, und kein Leid, noch Geschrei noch Schmerz wird mehr sein;*
*denn das Erste ist vergangen.*
Offenbarung 21, 4

*Ohne Offenbarung verwildert das Volk. Wohl dem, der das Gesetz hält!*
Sprüche 29, 18

*Das ist mein Gebot, dass ihr einander lieben sollt, wie ich euch geliebt habe.*
Johannes 15, 12

Wie wir bereits erwähnt haben, beabsichtigt die unendliche Weisheit, zum gegenwärtigen Zeitpunkt Licht über die Menschheit zu ergießen, um deren geistige Entwicklung zu beschleunigen. Eine ähnliche Anregung des Menschengeistes erfolgte vor fast zweitausend Jahren zu Beginn des Fische-Zeitalters. Es gibt viel Arbeit, und viel Unerwünschtes muss beseitigt werden. Manchmal ist der Reinigungsprozess schmerzhaft, denn er bedeutet den Bruch mit alten, überholten Zuständen. Es muss alles weichen. Ihr solltet auf diesen Prozess am Anfang des neuen Zeitalters vorbereitet sein, und ihr werdet neue Lebensweisen, neue Religionen, neue Heilmethoden und neue Ideen in der Literatur, Kunst und Musik begrüßen können.

Wir möchten euch aus der kleinen Schachtel, die ihr Verstand nennt, herausholen. Wir möchten euch zu dem unendlichen oder göttlichen Verstand emporheben, der sich von dem durch die niedere Mentalebene wirkenden Verstand stark unterscheidet. Wir möchten, dass ihr euch über die Glaubensüberzeugungen und Dogmen der Vergangenheit erhebt. Sie haben als Meilensteine gedient, dürfen aber nicht länger ein Hindernis sein. Eine neue Auslegung wird euch gesandt werden; vielleicht ist es der Geist der Wahrheit, den der Meister verheißen hat.

Seit zweitausend Jahren gründet sich die orthodoxe Christenheit auf den Glauben, doch wir fürchten, der Buchstabe hat den Geist ausgelöscht. Man könnte es mit einem Tempel oder einer Kathedrale vergleichen, durch deren wunderschöne Fenster kein Licht hereinfällt, um die Schönheit des Bauwerks erstrahlen zu lassen. Der Menschengeist ist nun bereit, das Licht zu empfangen, das wahre Christuslicht; und dieses Licht strahlt jetzt auf die Erde. Es kommt wie ein Scheinwerfer. Es wird die Kathedrale der Christen- oder Christus-Kirche erleuchten. Es wird die Kirchen und religiösen Orte erhellen. Alle Schranken und Vorurteile des Verstandes – der Stolz – werden hinweggefegt werden, denn die Religion der Zukunft wird keine Religion des Glaubens und des Bekenntnisses sein, sondern eine Religion des Lebens und der Wirklichkeit. Sie wird jeden Gedanken und jede Handlung im menschlichen Leben von Grund auf umgestalten. Die neue Kirche oder Bruderschaft gründet sich nicht auf Menschenwerk, sondern auf das Wirken des Johannes. Unter dem Namen "Johannes" werden sich Menschen zusammenfinden, die offenen Geistes ihre Schale bringen, damit sie mit dem lebendigen Wein des Christus gefüllt werde. So werdet ihr auf der Erde eine große, universelle Bruderschaft erleben, eine einzige Kirche – die mystische Kirche des Johannes. In den Sphären der Wahrheit, meine Brüder und Schwestern, nehmt ihr bereits Verbindung zu ihr auf.

Sobald die Männer und Frauen bereit sind, werden die uralten Tempel wieder errichtet werden. Wir sprechen nicht von den irdischen Tempeln, sondern von Mysterienschulen der Vergangenheit. Durch sie wird die universelle geistige Bruderschaft auf der Erde Verwirklichung finden.

Einige Menschen des Fische-Zeitalters haben schon auf den intuitiven Einfluss (die Einwirkung von Neptun und Uranus) reagiert. Er sorgt für die Erhaltung der Menschheit und wird das geistige Zeitalter einleiten, die Epoche, in der der Menschengeist ungehindert und bewusst in den höheren Welten wirkt, während er noch mit dem Fleisch in Verbindung steht. Ihr befindet euch am Beginn des Wassermann-Zeitalters und empfangt eine gewisse Anregung von den Lehrern und Meistern dieser Epoche. Aus diesem Grund wird die Religion des neuen Zeitalters eine völlig andere Form annehmen. Die alte Priesterschaft, die orthodoxe Form der Gottesdiener, wird es nicht mehr geben. Diese neue Religion wird jedem Mann und jeder Frau helfen, den inneren Gottesfunken zu entfalten; und jeder von euch wird lernen, dass der beste Weg, diese göttliche

Kraft im Inneren anzuregen, durch Gruppenarbeit geschieht. Es werden sich einige zusammentun. *Wo zwei oder drei in meinem Namen versammelt sind, da bin ich mitten unter ihnen*, sprach Christus durch den Meister Jesus. Religion wird zur Gruppenarbeit werden, sie wird die Form wahrer geistiger Bruderschaft annehmen. Einige niedere Aspekte der Bruderschaft werden der Welt heute aufgezwungen. Mächtige und beherrschende Führer, die im Namen der Brüderlichkeit zu sprechen scheinen, zwingen den Leuten Vorstellungen auf, die später um so verzerrter sind. Jüngere Seelen greifen diese Vorstellungen von Freiheit begierig auf, ohne das tiefere Wissen und die Weisheit zu besitzen, um verstehen zu können, dass Brüderlichkeit auf dem Geist beruhen muss und der Geist Männern und Frauen lehrt, ihre Brüder und Schwestern zu respektieren, die Würde des Menschenlebens, menschlicher Arbeit und Religion zu achten.

Dies ist die wahre Form der Brüderlichkeit, die aus den himmlischen Welten kommt, indem geistige Strahlen das Herz-Zentrum des Menschen anregen. Dann werden Männer und Frauen die Welt mit Weitblick und Menschlichkeit betrachten. Sie werden eine große Liebe für Schönheit empfinden, für Kunst, Musik und alles, was dazu beiträgt, ihre Seeleneigenschaften zu entfalten; und sie werden die inneren, die geistigen Lebensebenen schauen. Sie werden lernen, dass der Gedanke ein starkes Werkzeug des Meister-Freimaurers ist.

Ihr beginnt bereits, die Kraft des Gedankens zu bemerken. Im Wassermann-Zeitalter werden Männer und Frauen sehr vorsichtig mit ihrer Gedankenkraft umgehen, da sie erkennen, dass sie mit ihren Gedanken die Äthersubstanz manipulieren können. Auf diese Weise gelangen sie in die verborgenen Lebensbereiche und bekommen allmählich ein Verständnis für die zeremonielle Magie und das echte Ritual.


DAS WESEN DES GEFÜHLS ENTWICKELN.

Die Welt schreitet voran, auch wenn ihr, deren Augen verbunden sind, diesen Fortschritt nicht wahrnehmt und nur teilweise erkennt, was in eurem persönlichen Leben oder in der Welt geschieht. Der irdische Verstand, der von seiner eigenen niedrigen Ebene aus urteilt, verzerrt euren Blick. Dieser irdische Verstand verfügt nicht über die Macht, die allmähliche Befruchtung der Seele – der Seele des Einzelnen oder der Erde selbst – durch den göttlichen Geist zu sehen.

Die Seele der Erde entsteht durch Schmerz und Arbeit. Ihr mögt dem nicht zustimmen, da ihr die volle Bedeutung des Begriffes Schmerz nicht erfasst. Ihr könnt Schmerz mit unsagbarer Freude empfinden. Kennt ihr nicht das heftige Gefühl der Freude, das euch Schmerz bereitet? Großes Glück, höchstes Glück kann schmerzhaft sein. Freude und Schmerz liegen nahe beieinander, zwei Aspekte derselben Sache, Licht und Schatten, die demselben Prinzip entspringen. Durch den Schmerz, den der Mensch durchleidet, gestaltet sich seine Seele, wird gestärkt und aufgebaut.

Sobald ihr dies begriffen habt, werdet ihr vor keiner Erfahrung zurückschrecken. Ihr werdet lernen, den Schmerz willkommen zu heißen, wenn ihr versteht, was der Schmerz zu bewirken vermag und was Schmerz eigentlich ist. Denn der Schmerz gestaltet und ziert die Seele, indem er die Gefühlskraft entwickelt. Er entfaltet die Intuition, jenen sechsten Sinn, der im neuen Zeitalter allgemein gültig sein wird, in andere Welten blicken lässt und dem irdischen Geist, dem äußeren Selbst, ein Bewusstsein von den Wahrheiten eines universellen, himmlischen Lebens bringt. (Vgl. Kapitel X „Das Zeitalter der Intuition")

Das Individuum kann Gott nicht durch den Intellekt allein finden. Dennoch versuchen es die Leute heutzutage. Viele bemühen sich, Gott verstandesmäßig zu erfassen; aber niemand, wir wiederholen es, niemand vermag Gott durch den Intellekt allein zu finden. Jeder muss zuerst die Entwicklung seiner Seele, seiner Gefühle und seiner Liebe durchschreiten. Ihr könnt Gott nur durch das Leben, eure Gefühle und eure Seele dauerhaft finden, so dass die Seele zur Brücke zwischen Himmel und Erde wird und die Menschheit wieder zu Gott zurückbringt.

Die Seele ist die Brücke. Sie ermöglicht es dem Erdenkind, mit Gott wieder Verbindung aufzunehmen. Wir versuchen, euch das Wesen dieser göttlichen Dreiheit von Vater, Mutter und Sohn, die vollkommene und heilige Dreiheit des Lebens, zu vermitteln. Wir bemühen uns, euch die Notwendigkeit für diese Vermählung, diese Vereinigung von Geist und Seele, zu zeigen, die in jedem Menschen stattfindet.

Der weibliche Aspekt, der göttliche Mutteraspekt, ist die Zärtlichkeit, die Liebe und Sanftmut im Leben, die Zartheit, ohne die der Tod eintreten muss. Erkennt ihr die Stellung der Frau im Gesamtbild? Zuerst wollen wir darauf hinweisen, dass Frauen, die den Vorzug haben, auf der Erde in einem weiblichen Körper mit weiblichen Eigenschaften zu leben, große Verantwortung tragen. Nicht alle erkennen diese Verantwortung, da sie es ihrem niederen oder schwachen Selbst erlauben, Besitz von ihnen zu ergreifen, anstatt die edlen und göttlichen Eigenschaften der göttlichen Mutter zu verwirklichen. Das Wirken der Frau in euch – egal ob ihr in dieser Welt körperlich gesehen Mutter seid oder nicht – bedeutet, Liebe und Mütterlichkeit zu schenken, alles Leben zu bemuttern; die Mutterschaft mit zärtlicher Liebe und Sympathie zum Ausdruck zu bringen – und mit Weisheit, die ebenso wichtig wie die Liebe ist. Um die Mutter in euch zu finden, müsst ihr danach trachten, die Eigenschaften der göttlichen Mutter zu entwickeln. Könnt ihr erkennen, dass die göttliche Mutter selbst die Seele der Menschheit ist? Es ist die Seele, und die Seele vermittelt zwischen dem individuellen Selbst und dem ersten Prinzip oder Willen Gottes.

Wenn ihr euch erhebt und die Würde des göttlichen Prinzips, das hinter der Mutterschaft steht, verwirklicht, wird es keine Kriege mehr geben, weil die Seele (oder Frau) weder Kampf noch Krieg wünscht. Die Seele ist friedliebend; die Seele sehnt sich nach Schönheit, Harmonie und Vollkommenheit; die intuitiv veranlagte Seele vermag in die Zukunft zu blicken und möchte die Rasse beschützen, nicht zerstören. Wir möchten alle Frauen sehr ernsthaft darauf hinweisen und sie anspornen, die Eigenschaften der heiligen Maria, des Mutteraspekts, zu entwickeln.

Mit der Verschmelzung von Seele und Geist wird das vollkommene Wesen geboren, jemand, der fähig ist, die Christus-Einweihung zu erfahren, der das niedere Selbst, die Materie, zu kreuzigen vermag und sich von der niederen Materieform befreit. Ihr versteht noch nicht, was dies bedeutet, und für den Augenblick soll es genügen, wenn wir erklären, dass die Kreuzigung der Materie, der Verzicht auf die Materie, bedeutet, dass es eine Zeit geben wird, in der das Christuskind, geboren aus den beiden großen Lebensprinzipien, über die Materie, die Erde, herrschen und die Finsternis weichen wird. Denn die Erdschwingungen werden in einer Weise vergeistigt und harmonisiert werden, dass die Erde eine Welt des Lichtes sein wird.

## EIN NEUER HIMMEL UND EINE NEUE ERDE

Die vor Jahrmillionen auf die Erde gebrachte Religion ist nicht eine Religion der Lippen, sondern des Herzens. Wir sehen zukünftige Tempel oder geweihte Orte, zu denen sich die neuen Bruderschaften hingezogen fühlen; sollen wir sagen, geweihte Zentren der Gnade und Kraft, in denen Männer und Frauen ihren Vater-Mutter Gott verehren können? Eine Verehrung nicht mit den Lippen, sondern mit überströmendem Herzen. Die schöpferischen Kräfte, die sie anziehen und anwenden, dienen der allmählichen Vervollkommnung oder dem Wachstum aller Lebensformen.

Mehr noch, jene Kräfte werden angezogen, um zur gegebenen Zeit die Entwicklung des Lebens auf anderen Planeten zu fördern. Dies mutet euch zweifellos weit entfernt und unmöglich an. Die Vorstellung von einer neuen Kirche gibt uns ein Gefühl der Begrenzung, sogar des Erstickens. Wir hoffen, niemanden zu beleidigen. Aber wir möchten über eine Bruderschaft von Männern und Frauen und eine Ausgießung des Geistes sprechen, eine wahre Vereinigung mit Christus. Wir denken an eine Verschmelzung von Christus mit den Menschen auf der Erde.

Die Wiederkunft! Wir sehen die Erhöhung der Menschen. Wenn ich erhöht bin, spricht Jesus – wenn der Christus in mir erhöht ist – *werde ich alle zu mir ziehen!* Wenn der Christus in allen Menschen erhöht ist und sie im Geiste und in echtem Handeln und täglichem Dienen anbeten, dann müssen sie in sich selbst erhöht werden.

Die Wahrheiten, die Jesus vor langer Zeit lehrte und die Johannes auf solch wunderbare Weise niederschrieb, müssen erkannt und gelebt werden. Abgesehen von einigen Heiligen, sind sie in dieser Weise nicht gelebt worden. Selbst jene Heiligen wurden durch das Bewusstsein ihrer Zeit eingeschränkt. Nun treten wir in ein neues Zeitalter ein, und dieselben Lehren des Johannes werden eine neue Kirche begründen, aber nicht eine Kirche, wie ihr sie heute kennt. Die Kirche des Johannes wird im Leben der Menschen entstehen, in ihren Herzen, in ihren Seelen. Jeder wird lernen, in seinem eigenen Tempel – das heißt, im Heiligtum des Herzens – zu beten. Die Menschen werden ihr Leben nicht nur nach irdischen Werten ausrichten, sondern nach ihrem eigenen geistigen Licht. Ihr eigener Geist wird ihnen zeigen, wie sie sich ihren Gefährten gegenüber verhalten sollen. Eine Sozialgesetzgebung wird unnötig sein. Die Kirche des Johannes gründet sich einzig auf den Geist. Die Kathedrale wird sich aus dem Leben der Menschen erheben. Auf der Erde wird der Geist reiner Brüderlichkeit regieren. Dann werden die Leute nicht mehr so töricht sein, den Mammon anzubeten. Der Herrscher dieser Welt wird sich vor dem Geist der Liebe und Brüderlichkeit zurückziehen und vergehen. ICH BIN, DER ICH BIN. „ICH BIN die göttliche Flamme", spricht Christus.

Im Wassermann-Zeitalter wird dieses Bewusstsein des lebendigen Christus in den Menschen auf der Erde vollkommen entfaltet sein. Es wird kein Abschlachten, kein Blutbad mehr geben, schuldig oder unschuldig, sondern alle Ebenen des geistigen Lebens werden ineinander übergehen. Im Evangelium heißt es, dass bei der Kreuzigung der Vorhang des Tempels entzwei riss, ein Sinnbild für das, was eines Tages geschehen wird. Dieses Zerreißen des Vorhangs bedeutet das Ineinandergreifen jener höheren geistigen Lebensebenen mit den physischen Bereichen. Das Menschengeschlecht wird die Herrlichkeit des Himmels schauen. Es wird keine Trennung mehr geben. *Und ich erblickte einen neuen Himmel und*

70

*eine neue Erde.* Es wird keinen Groll und keine Wut mehr geben! Schrecken, Leid und Krankheit, die dem Fleisch zu eigen zu sein scheinen, werden überwunden und zu Staub werden, denn durch die Geburt, die Auferstehung des inneren Christus, wird die Menschheit in das Königreich des liebenden Gottes eintreten, und alle Begrenzungen werden weichen.

## HALTET AN EUREN TRÄUMEN FEST

Viele Nörgler glauben, das Goldene Zeitalter sei bloß ein Traum. Aus Erfahrung können wir sagen, dass Träume äußere Umstände schaffen. *Ohne Vision geht der Mensch zugrunde!* Haltet an euren Träumen fest und schreitet unermüdlich voran. Immer wieder werdet ihr von uns hören: „Schreitet unermüdlich voran." So viele sind dazu nicht in der Lage. Sie schlafen am Wegrand ein. Sie werden mutlos. Sie drehen um. Aber die Seele, die durchhält und unermüdlich voranschreitet, erreicht das Ziel geistiger Befreiung.

Die Leute sind versucht, denn es ist viel einfacher, hierhin, dorthin und überallhin zu gehen; alle möglichen Orte aufzusuchen, im Westen, Osten und Süden, auf der Suche nach einem Meister! Und all die Zeit über befindet sich der Meister im Inneren, so nahe! Näher als der Atem, näher als Hände und Füße. Das ist die schlichte Wahrheit. Ihr werdet nichts Schöneres finden als das, was ihr in eurem eigenen inneren Tempel vorfindet. So wie ihr lernt, diese Heiterkeit, diesen Frieden, diese Ruhe aufzusuchen – lernt, demütig vor dem Kommunionstisch niederzuknien – werdet ihr den größten Schatz, das vollkommene Geschenk finden. Seid tapfer und schreitet mutig vorwärts und haltet euch das goldene Licht vor Augen, auf das ihr stets zuwandert.

Es gibt vieles zu sagen, doch bedenkt, dass ihr erst am Anfang des Wassermann-Zeitalters steht. Der weiße Adler und der Wasserträger, dessen Krug mit dem göttlichen Wasser gefüllt ist, sind die Symbole dieser Epoche. Im neuen Zeitalter wird die Religion aus dem Herzen kommen, und jeder von euch wird lernen, seine eigenen Gotteseigenschaften und Gotteskräfte zu entfalten. Ohne die Entfaltung dieser Eigenschaften kann euch ein höheres Wissen nicht anvertraut werden. Daher die Lehren des Meisters Jesu, die so klar, so mitfühlend sind und die die Welt immer noch missachtet: Liebt einander. Ehe nicht jeder von euch seinen Nachbarn zu lieben vermag, könnt ihr die göttliche Weisheit nicht empfangen. Das Fische-Zeitalter sollte die Menschen den Wert eines guten Lebens, eines reinen Lebens in Vorbereitung auf die nächste Epoche lehren, die große Geistes- und Herzenskräfte in ihre Hände legen wird. Die Menschen müssen angeleitet werden, diese Kräfte zu aufbauenden Zwecken und zur Erhöhung der gesamten Menschheit anzuwenden.

# VII

# DAS ZEITALTER DES GEISTES

*Bevor Abraham war, bin ich.*
Joh. 8; 58

*Meister, kümmert es dich nicht, dass wir untergehen?*
Markus 4; 38

*Ich bin der Weg und die Wahrheit und das Leben…Glaubet mir, dass ich im Vater bin und der Vater in mir ist…Ich werde euch nicht verwaist zurücklassen; ich komme zu euch.*
Joh. 14; 6, 11, 18

*Ich bin die Auferstehung und das Leben.*
Joh. 11; 35

*Und wie Mose in der Wüste die Schlange erhöhte, so muss der Sohn des Menschen erhöht werden, damit jeder, der glaubt, in ihm ewiges Leben habe.*
Joh. 3; 14-15

*Und sie werden ihre Schwerter zu Pflugscharen schmieden und ihre Spieße zu Rebmessern.*
Jesaja 2; 4

Diese ungewöhnliche Ausgießung der geistigen Sonnenkraft, von der wir sprechen, erfolgt mit Ausgang eines geistigen Zyklus. Gegen Ende einer zweitausendjährigen Periode tritt ein kosmisches Ereignis ein. Die Konjunktion zwischen der irdischen Sonne und der geistigen Lichtsphäre regt die Sonne und alles Leben auf der Erde an. Die Alten nannten diese ausströmende Kraft die Sonnenkraft.

Die antiken Sonnengötter glichen Riesen, die wiederum halb so groß waren wie der heutige Durchschnittsmensch. Erfüllt von der Herrlichkeit der Sonne, waren sie wunderschön anzusehen. Ihre auffallenden Augen erstrahlten im Licht der geistigen Sonne. Diese Gottesmänner und Gottesfrauen – diese Sonnenwesen – kannten die Geheimnisse der Sonnenkraft, und ihre Arbeit bestand darin, den jungen, sich inkarnierenden Seelen die Geheimnisse des Lebens zu lehren. Einige Seelen gingen sehr unklug damit um, was ihren eigenen Niedergang und den anderer zur Folge hatte und die Erde zerrüttete.

Als das Menschengeschlecht immer tiefer in die schwere und dichte physische Materie hinab sank, kümmerten sich die Männer und Frauen bald nur noch um ihr irdisches Verlangen und verloren dadurch die Verbindung zu den Engel- und Sonnenwesen und fast, nicht völlig, den Kontakt zur Sonnenkraft. Die Geheimnisse der Sonnenkraft wurden sehr achtsam gehütet. Nur Eingeweihte oder Weise vermochten dieses Wissen im Laufe der Zeitalter zu vermitteln. In den Schriften der antiken Philosophen werdet ihr es erkennen. Hätten die Massen über dieses Wissen oder die Macht, die es vermittelt, verfügt, hätten sie sich selbst zerstört. Trotz alledem (wie es euch aus der Sage vielleicht bekannt ist) kam es vor, dass die Geheimnisse in die Hände gewisser Priester fielen, denen es an lauterer, reiner Liebe fehlte und die sie anderen falsch weitergaben. Dann wurde die Macht, die Sonnenkraft, zerstörerisch eingesetzt. Das war nicht die ursprüngliche Absicht, aber wenn das niedere Selbst eines Individuums nicht beherrscht wurde, erhob es sich in dem selbstsüchtigen Verlangen, Macht über andere auszuüben.

Vor einigen Jahrhunderten erlebte Europa die Erneuerung der Lehren der so genannten Freimaurer. Die alten Geheimnisse nahmen in der Freimaurerei wieder Gestalt an, wurden aber als die „verlorenen" Geheimnisse bezeichnet. Heute sind sie verloren, weil sich die Menschheit in die dunkle Weltlichkeit eingeschlossen und sich allzu sehr mit ihrer eigenen selbstsüchtigen Existenz beschäftigt hat – nicht unbedingt ein böses Leben, aber ein unwissendes. Die Unwissenheit hat Männer und Frauen eingehüllt. Glücklicherweise sind die Geheimnisse niemals völlig verlorengegangen, denn Gott hat die Menschheit niemals ohne einen Zeugen gelassen. *Ich werde euch nicht ohne Trost zurücklassen.* Dieselben Geheimnisse, die Eingeweihte, Lehrer und Weise den Brüdern in der Vergangenheit verkündeten, übermittelten und nahebrachten, betreffen nicht nur die hohen Eingeweihten und Priester uralter Kulturen, sondern Männer und Frauen der heutigen Zeit. Versklavt durch den Materialismus, glich die Menschheit bis vor Kurzem einem Gefangenen mit gefesselten Händen und Füßen, unfähig, sich aus eigener Kraft zu erheben und abhängig von den geistigen Brüdern und Schwestern, die sie emporziehen sollten.

Es liegt erst etwa ein Jahrhundert zurück, als die geistige Bruderschaft, die über den Fortschritt der Menschen auf der Erde wacht, einen Schlüssel zu senden gedachte, damit diejenigen, die ein standfestes Herz besaßen, eine Tür aufschließen konnten, die sie auf den lichten Pfad führte. Wir sprechen von der Einführung des so genannten modernen Spiritismus. Sein Ziel war es, die dunkle Hülle, die sich um die Menschheit breitete, aufzubrechen. Die Eingeweihten hatten beschlossen, dass es an der Zeit war, den Schleier, der zwischen den beiden Existenzebenen hing, zu lüften. Selbst ganz einfache Leute begannen, spirituelle Erfahrungen zu durchleben, die auf die Tatsache hindeuteten, dass es unsichtbare Menschenwesen gab, die Verbindung mit ihren inkarnierten Geschwistern aufnehmen konnten. Von diesem Zeitpunkt an begann der Schleier zwischen den beiden Lebenszuständen dünner zu werden.

Die Meister der Weisheit wählten diesen Weg, um einzelnen Männern und Frauen den Schlüssel in die Hand zu legen, das Tor zum Licht zu öffnen. Folgten sie diesem Pfad geduldig und weise, bestand die Möglichkeit, dass sie die dichte Hülle, die sie umgab, nach und nach abschüttelten. Damit meinen wir zuerst das Tuch der Erde, dann das des Wasser-Elementes und danach das des Luft-Elementes. Schließlich wären die Menschen bereit, die volle Kraft des Feuer-Elementes aufzunehmen, das göttliche Feuer oder die Sonnenkraft. Männer und Frauen wären in der Lage, gottähnliche Fähigkeiten zu entfalten, nicht nur im Handeln, sondern auch im Wissen. Das irdische Wesen würde lernen, die Sonnenkraft unmittelbar durch den physischen Körper und durch sein eigenes Selbst zur Erde zu leiten.

Die Notwendigkeit, jedem Menschen geistige Weisheit und Liebe zu übermitteln und in ihm zu entfalten, ist überaus dringend. Vor allem muss die Lehre von Christus klarer vermittelt werden. Falls sich die Erdenbewohner – insbesondere die Wissenschaftler – als Rasse vor der Selbstzerstörung bewahren wollen, müssen sie die Bedeutung des Lebens Christi im Gesamtzusammenhang der Lebensentwicklung erkennen. Ihr braucht euch nicht zu fürchten, meine Kinder. Gebt euch nicht der Furcht hin, denn dann lauft ihr zum Feind (nicht, dass wir dieses Wort gerade mögen) über; ihr werdet zu den negativen Kräften übergehen. Vielleicht erahnt ihr, wie ungeheuer wichtig es ist, das Evangelium der Weisheit, der Liebe und des Wissens zu übermitteln, damit die Menschheit Schritt für Schritt zum Mysterientempel voranschreiten kann.

Obwohl ihr es noch nicht erkennt, so seid ihr doch stets von einer Schar von Geistwesen umgeben. Ihr besitzt gewisse Träger oder Körper, über die ihr mit den einzelnen Ebenen Verbindung aufnehmt. Euer physischer Körper ermöglicht es euch, mit der Erde in Verbindung zu treten. Wie bereits erwähnt, beschäftigt sich die Mehrheit der Menschen nur mit ihrem physischen Körper. Er ist nicht der einzige Träger, in dem ihr zu wirken vermögt. Jeder Mensch trägt in sich die vier Elemente – Erde, Wasser, Luft und Feuer – und besitzt einzelne Träger oder Körper, durch die mit diesen Welten Verbindung aufgenommen werden kann.

# DIE SONNENKRAFT

Die Solar- oder Sonnenkraft steht in direkter Verbindung zur Feuerwelt sowie zum menschlichen Herzen und Geist. Sie ist die Kraft, die alles Leben zusammenhält. Sie ist der Angelpunkt, zunächst des größeren und dann des kleineren, menschlichen Universums. Sie ist der Christus-Geist, die innere Sonne; und die Sonne im Inneren manifestiert sich im menschlichen Leben als Liebe, als Menschenfreundlichkeit. Wenn sie sich entfaltet, manifestiert sie sich mit noch stärkerer Kraft. Ihr kennt sie unter verschiedenen Namen. Wollen wir sie die Kraft des ICH BIN nennen? Ihr erinnert euch an die Aussage: Bevor Abraham war, BIN ICH. Der Gottessohn; der Sohn des Vater-Mutter-Gottes; der ICH BIN; die Sonnenkraft; das Sonnenlicht; die Liebe in der Menschenseele. Die Liebe im Inneren der menschlichen Seele ist dieselbe Kraft, die Universen zu erschaffen vermag. Im Individuum kann sie ein Leben von der Dunkelheit ins Licht verwandeln. Ihr könnt es selbst beobachten. Betrachtet sorgfältig das Leben eurer Freunde, die dem Christus-Pfad folgen. Ihr nehmt ihre leuchtende Aura wahr, die Kraft, den Frieden und die Ruhe, die sie umgeben. Dies ist eine Manifestation – vielleicht mehr oder weniger stark – jener Sonnenkraft.

Sonnenkraft ist auch Heilkraft. Ihr könnt euch auf die Führer, Heiler und Engel verlassen, dass sie euch Heilkraft bringen, wenn ihr in eurem Inneren die Sonne und das Zentrum jener Kraft erkennt. Dann werdet ihr nicht nur Heiler kranker Körper werden, sondern Heiler der Nationen, Heiler des Lebens – des Tier-, Pflanzen- und irdischen Lebens – und dann Heiler von Seele und Geist, denn diese Sonnenkraft wirkt durch alle Ebenen rund um die Erde und alle Körper, welche die physische Hülle umgeben.

Das Wasser-Element beschäftigt sich mit den Emotionen und Gefühlen, und ihr werdet erkennen, wie wichtig es ist, dass das Wasser unter Kontrolle steht, unter dem Befehl des Meisters. Daher das Gleichnis vom Boot, das auf dem See hin und her geworfen wurde. Die Jünger fürchteten sich. Sie suchten ihren Meister, so wie ihr als seine Jünger sein mögt, wenn ihr euren Meister sucht. Wenn ihr sturmgepeitscht seid vor Furcht, Angst und Leidenschaft, schläft die göttliche Macht, die Kraft, die euch beherrschen soll. Der Jünger ruft aus: *„Meister, kümmert es dich nicht, dass wir untergehen?"* Ihr ruft in eurem Alltag: „Ich habe Angst." Alles dreht sich um euch im Kreis. Das Boot eurer Seele schleudert im Sturm. Wenn die Seele richtig ruft, hört der Meister. In dir erhebt sich die göttliche Kraft, die dich veranlasst, still und ruhig zu sein. Finde Frieden. Dein Meister übernimmt die Kontrolle über dein Boot – deine Seele – und du wirst ruhig.

Erkennt ihr nun die wahre Bedeutung, dass Christus der Erlöser der Menschheit ist? Nicht ein an ein Holzkreuz genagelter physischer Körper errettet die Menschheit von ihren Sünden, sondern ihr selbst, wenn ihr euch zu dieser höchsten Bewusstseinsebene emporschwingt (oder nach innen kehrt), auf der ihr euch mit der Sonnenkraft verbindet, eurem Sonnenselbst, dem Christus. Der Christus ergreift Besitz von allen Trägern und Körpern. Das bedeutet Erlösung – nicht der Kreuzestod eines anderen Menschen, obwohl auch darin eine wunderbare Sinnhaftigkeit liegt.

Seit alters her hat man sich solcher Symbole bedient, um dem menschlichen Verständnis die göttlichen Mysterien nahezubringen. Seht ihr nicht den Weg vor euch liegen und die Herrlichkeit, die euch erwartet? Selbst die Bitterkeit, Enttäuschung und Frustration über eure missglückten Vorhaben – alle diese Dinge werden sich glätten und euch als nichtig erscheinen, wenn ihr diese Herrlichkeit erblickt habt.

Diese Geheimlehren, die wir nur andeuten, bestehen seit Äonen. Erhabene Tempel in entfernt gelegenen Teilen der Welt werden sich euren Nachforschungen entziehen und auch weiterhin ein Geheimnis bleiben, bis Männer und Frauen das innere Geheimnis erkannt haben. Dann werden sie den Sinn der Tempel in Ägypten, Tibet, China, den Anden, Mexiko oder Atlantis verstehen. Sie werden den Sinn der Tempel in Britannien begreifen, wo die Sonnenpriester – die Priester, die die Weisheit der

Sonnenkraft wahrten und ihr huldigten – arbeiteten, um die Elemente zu beherrschen und zu lenken. Sie huldigten und arbeiteten, um die Scharen der Elementarwesen für die Erschaffung und Manifestation eines reichen und wunderschönen geistigen Lebens in dieser wunderbaren Erdenwelt anzuleiten. Das ist das Geschenk Gottes an die Menschheit – der Gottesplan für die Menschheit – nicht der augenblickliche Zustand der Gier und Selbstsucht. Könnt ihr nicht sehen, dass eine echte Reform, eine zukünftige Evolution, nicht der Weg von Aufruhr und Revolution seitens der Massen sein kann, sondern nur der Weg geistiger Entwicklung? Dann wird wahrer, dauerhafter Frieden einkehren und das Goldene Zeitalter eintreten.

## DIE GEFIEDERTEN SCHLANGEN

Mit der Zeit werdet ihr die Anregung der geistigen Kräfte im Menschen bemerken. Ihr werdet erkennen, dass sich die Sonnenkraft sowohl in den Männern und Frauen als auch in der Erde selbst erhebt. Der Zweck menschlicher Verkörperung besteht darin, im Individuum den Solarkörper zu entwickeln und die Sonnenkraft zu wecken. Diese Kraft wird auch als "Schlangenfeuer" – das im Inneren der Kundalini wirkt – bezeichnet. Mit der Entwicklung der Seele richtet diese "Schlange" ihren Kopf nach oben und wird durch die Anregung des sympathischen Nervensystems die sieben Chakras im Ätherkörper dazu veranlassen, sich allmählich zu öffnen. Durch diese aufwärts steigende Kraft werden die Zentren aktiviert, öffnen sich und bilden die Fenster der Seele. Die Sonnenkraft strömt in die Seele und durchstrahlt die Chakras, wobei sie die Christuskraft, das höchste geistige Licht, entfaltet.

Wenn ihr euch mit dem Leben der Heiligen beschäftigt, werdet ihr von wundersamen Ereignissen lesen. In Anbetracht dieser Schlangenkraft versteht ihr vielleicht, warum jene Heilige – die teilweise ihr Leben der Kontemplation, dem Gebet und der Sehnsucht nach Vereinigung mit Gott weihten – zu einem bestimmten Zeitpunkt eine wundersame Kraft

zu durchströmen schien, so dass Wunder geschahen, die der Durchschnittsmensch nicht zu begreifen vermochte. Der gewöhnliche, niedere Verstand kann solche Dinge nicht verstehen, aber diejenigen, die sich auf
dem geistigen Pfad befinden, erkennen in diesen Geschehnissen das Erwachen der Sonnenkraft. Durch diese Kraft haben die Heiligen, die Jünger, die Propheten der Vergangenheit den Erdenmenschen die Wirklichkeit jenes reinen Sonnenfeuers gezeigt.

Ihr erinnert euch vielleicht an die Geschichte von Elias, der in einem
Feuerwagen zum Himmel fuhr. (2 Könige 1; 11-12) So wurde es beobachtet. In Wirklichkeit aber erfüllte ihn die Sonnenkraft so stark, dass sie
ihn von der Erde hob und emportrug, bis er den Blicken der Anwesen-
den entschwand. Dies ist durchaus möglich, und obwohl man es als
Wunder bezeichnet, werdet ihr verstehen, dass solche Geschehnisse in
Wirklichkeit keine Wunder sind, sondern das Wirken der Gotteskraft
durch den menschlichen Körper veranschaulichen. Dies besonders kann
im Wassermann-Zeitalter erwartet werden.

Dann wird die Erde eine Taufe durch die geistige Sonne erfahren. Das
heilige Gottesfeuer, der Christus-Geist, wird in den Herzen aller Menschen angeregt werden. In euren Augen mag es noch ein weiter Weg sein,
doch ihr könnt es nicht sicher wissen. Wir selbst können es nicht. Wir
wissen es nicht, aber wir kennen die geistigen Gesetze, die das Leben
regieren. Wir wissen, dass dieses Schlangenfeuer allmählich emporstei-
gen und Herz und Geist jedes Einzelnen erleuchten wird.

Das Wissen um diese Sonnenkraft, dieses Schlangenfeuer, hat immer
existiert. Hinweise auf die Schlangenkraft werdet ihr in allen Schriften
finden. Moses wies eindeutig darauf hin, als er sich mit den Kindern
Israels in der Wüste aufhielt. Er war ein hoher Eingeweihter. Sein Name
kommt von Osiris, dem Hohenpriester der Sonnenkraft. Moses war
demnach ein Priester des Osiris, das heißt des Ordens von Melchisedek.

Als Moses die Israeliten in die Wüste führte, wurden sie müde und
begannen zu murren. (Numeri 21; 4-5) Sie wanderten in derselben Wüste wie wir alle. Jeder, der den lichten Pfad beschreitet, erfährt eine Peri-

ode der Einsamkeit und Trostlosigkeit. Ihr alle habt solche Zeiten erlebt. Dann wandert ihr in der Wüste umher, seid verzagt und geneigt, zu murren und zu schimpfen.

Vierzig Tage oder „Jahre" lang wanderten die Israeliten in der Wüste, eine Periode, die man mit dem Zeitraum vergleichen kann, den ein Kind bis zu seiner Geburt im Mutterleib verbleibt. Jene Israeliten, die das gelobte Land suchten, wurden an einen unfruchtbaren Ort geführt, an dem es keine andere Nahrung gab als weißes Manna, das vom Himmel fiel. Diese weiße Nahrung weist auf die geistige Nahrung hin, eine Nahrung, die den Mentalkörper nährt; Silber ist das Metall, das den Intellekt versinnbildlicht. Ein solche Nahrung befriedigte die Kinder Israels nicht. Sie wurden ihrer überdrüssig. Sie wollten etwas Besseres, wussten aber nicht, was das sein sollte.

Ein anderes Mal, als Moses vom Berg, von einer höheren Bewusstseinsebene, zu seinen Schülern zurückkehrte, stellte er fest, dass sie ein Götzenbild geschaffen hatten. Sie huldigten einem goldenen Kalb. (Exodus 32) Damit bewiesen sie, dass sie ihre kaum erwachten, leicht angeregten psychischen und übersinnlichen Kräfte falsch gebrauchten. Als Moses herabstieg, sah er das Götzenbild und erkannte, dass sein Volk das geistige Wissen missbraucht hatte. Entspricht dies nicht allen Esoterikern, die den Weg verfehlen, weil sie sich so sehr mit dem Geist befassen und übersinnliche Kraft besitzen wollen, die dann oft falsch eingesetzt wird?

Moses war sehr betrübt. Um die Niedergeschlagenheit und das Murren seiner Leute zu beschwichtigen, fertigte er eine Messingschlange und setzte sie auf einen Stab. (Numeri 21; 8-9) In symbolischer Sprache erklärte er ihnen, dass sie die Schlangenkraft in ihr Herz und ihren Kopf empor ziehen sollten. Dann würden sie göttliche Erleuchtung erfahren und in das gelobte Land geführt werden. Versteht ihr die wundervolle Bedeutung dieser alten Schrift? Den Jüngern und denjenigen, die bereit und begeistert waren, um auf dem Evolutionspfad voranzuschreiten, wurde gelehrt, dass sie die Schlangenkraft nicht zu selbstsüchtigen Zwecken und zur Befriedigung der eigenen Wünsche missbrauchen durften. Sie sollte erhoben und als heilige Kostbarkeit gewürdigt werden. Sprach nicht Jesus: *So muss der Sohn des Menschen erhöht werden?*

Eine andere Betrachtungsweise wäre, dass die Schlangenkraft zum Herzen und zum Kopf geführt werden muss, damit jeder Mann und jede Frau nicht ein irdisches, sondern ein ewiges Wesen wird. Dies ist die Ankunft des höchsten Sonnenlichtes, des Lebens, in der Gestalt des Christus durch Jesus. Obwohl dieses Licht in der Vergangenheit bereits durch andere Eingeweihte sichtbar geworden war, manifestierte sich das Christus-Leben diesmal vollkommen. Der Sonnenkörper des Jesus war vervollkommnet. Das durch ihn manifestierte Christuslicht sprach mit klarer und eindeutiger Autorität: *Ich bin der Weg und die Wahrheit und das Leben.* Es war diese Sonnenkraft, dieses göttliche Leben, das sprach.

Ein anderes Mal lehrte Jesus über das ewige Leben: „Wenn ihr nicht an mich glaubt…" *Glaubet mir, dass ich im Vater bin und der Vater in mir ist…* „Glaubt an mich, und ihr werdet erlöst werden…" „Ich komme, um euch das Leben zu geben; ich komme, um euch aus der Dunkelheit ins Licht zu führen." *Ich bin die Auferstehung und das Leben.* Erkennt ihr nicht, meine Kinder, dass im Tod des irdischen Körpers die Verheißung des Sonnenwesens, des Sonnenkörpers, liegt? Der physische, irdische Körper vergeht; der niedere Aspekt stirbt, aber der werdende Sonnenkörper, der sich gestaltet und entfaltet, der sich durch die wiederholten Inkarnationen der Seele in einem irdischen Körper entwickelt, führt euch schließlich zum ewigen Leben.

Ihr tretet nicht eher in das ewige Leben ein, als bis ihr euch des Christus-Lebens voll bewusst seid, bis ihr euren Sonnenkörper entwickelt habt. Dieser Körper entsteht nur, wenn sich die Kraft, von der wir gesprochen haben, aufwärts richtet. Dies ist der Weg, den alle Männer und Frauen beschreiten müssen. Der Christus, der durch Jesus sprach, stellte es klar: *So muss der Sohn des Menschen erhöht werden, damit jeder, der glaubt, in ihm ewiges Leben habe* – die Sonnenkraft, die Christus-Kraft, das Christus-Leben und Christus-Licht. Ich komme zu euch, damit ihr diese schöpferische Kraft nutzt, ein Lichtwesen werdet, das die Erde und alle Geschöpfe der Erde beherrscht. Ich komme, damit ihr Meister eures Lebens, eures Körpers, eueres Zustands, eurer Lebensumstände werdet. *Ich bin der Weg und die Wahrheit und das Leben.*

Es fehlen uns die Worte, um die Pracht und Herrlichkeit dieses Sonnenkörpers zu beschreiben. Die „gefiederten Schlangen", die mit einem strahlenden Kopfschmuck dargestellt werden, haben vor euch denselben Pfad beschritten. Das aufwärts strebende Schlangenfeuer hat die Herrschaft übernommen, und Federn inneren Lichtes, des Sonnenlichtes, umstrahlen ihren Kopf.*

## VERGANGENE UND GEGENWÄRTIGE SEELENENTWICKLUNG

Bedenkt, dass der einzige Sinn eures Lebens darin besteht, Selbst-Bewusstsein zu erlangen – das heißt, euch selbst als Individuum bewusst zu werden. Dann erweitert ihr euer Bewusstsein, um diejenigen hineinzunehmen, die euch umgeben, mit denen ihr lebt. Sollen wir es Familienbewusstsein oder Gruppenbewusstsein nennen oder doch besser ein Bewusstsein der Bruderschaft des Lebens? Vielleicht habt ihr manchmal in der Meditation die tiefe Freude empfunden, die die Erkenntnis dieser geistigen Bruderschaft mit sich bringt (die wahre geistige Verbindung) oder wenn sich die Seele der Bedürfnisse anderer immer stärker bewusst wird. In gleichem Masse, in dem das Individuum voranschreitet, nähert sich die ganze Welt dieser Bewusstheit und Brüderlichkeit. Vielleicht fühlt ihr, dass wohl noch Jahrhunderte vergehen werden, ehe die Welt reagiert. Trotzdem, wir versichern euch, dass im Laufe der nächsten fünfzig Jahre ein überraschender Seelen-Fortschritt in der Welt stattfinden wird, da sich in dieser Zeit unglaubliche Veränderungen abspielen werden.

---

*Der Begriff „die gefiederte Schlange" wird von Grace Cooke in *Der Pfad der Einweihung* ausführlich erläutert.

Anstatt ständiger Kriegführung herrscht Brüderlichkeit zwischen allem Geschaffenen und allen Menschen. Heutzutage klingt eine solche Aussage unglaubwürdig. Aber die nächste Stufe deutet sich bereits an, eine Ebene, auf der Männer und Frauen ihre wirkliche Beziehung zu ihren Brüdern erkennen. Dann folgt das Gottesbewusstsein oder kosmische Bewusstsein und darüber hinaus das Bewusstsein des Solaren Logos, das Sonnen-Bewusstsein. Bis dahin liegt noch ein weiter Weg vor euch. Verinnerlicht unsere Worte und meditiert über diese Wahrheit, denn eine solche wunderbare Wahrheit vermag Trost und Inspiration zu schenken. Diese Vision der Zukunft gibt euch das Gefühl, dass euer jetziges Streben durchaus der Mühe wert ist. Denkt daran, wenn ihr auf die Stimme des Geistes hört, wirkt ihr als Pioniere auf den großen Tag hin, an dem alle Menschen kosmisches und solares Bewusstsein erlangen dürfen.

Die Welt wird nicht in ihrem augenblicklichen Zustand des Chaos verharren. Wir finden keine angemessenen Worte, um die tiefere, die ewige Wahrheit zu übermitteln, weil es dem Versuch gleich käme, Kindergarten-Kinder in höherer Mathematik zu unterrichten. Ihr seid unfähig, tiefe, geistige Wahrheiten aufzunehmen und zu verstehen, ohne die unendlichen Möglichkeiten zu erfassen, die in euch ruhen und vor euch liegen. Hier wirkt dasselbe Gesetz wie bei der bewussten, geistigen Kommunikation. Es hängt alles von der Seele ab, die diese Verbindung sucht. Es hängt alles von der Ebene eures eigenen geistigen Wachstums und von eurem Verständnis der geistigen Gesetzmäßigkeiten ab. Man muss mit dem Kindergarten beginnen. In einer höheren Klasse könnt ihr fortgeschritteneren Unterricht verstehen, aber alles hängt von euch ab. Da ist Wahrheit. Da ist Herrlichkeit. ICH BIN *der Weg und die Wahrheit und das Leben*, spricht der Christus. Dieses Leben schlummert in euch, aber es ist unmöglich, die erhabenen Mysterien zu erfassen, ohne dass ihr euch entfaltet und Selbst- Beherrschung gewonnen habt.

Ihr neigt dazu, über den Sohn Gottes und den Christus zu oberflächlich zu reden. Ihr seht in Christus ein Vorbild, und einige von euch be-

84

trachten zu Recht den Christus-Geist als gütig, sanftmütig und liebend, als etwas, das vollkommen eins ist mit etwas in eurem Inneren. Doch ihr erkennt nicht die unsagbare Herrlichkeit des erhabenen Solaren Logos, der das Leben aller Menschen und auch das Leben des Planeten ist. Ihr versteht auch nicht, dass sich das goldene Licht über euch ergießt, wenn ihr bescheiden und schlicht genug seid, euer Herz für diesen Segen zu öffnen. Es gleicht einem Feuerfunken. Denkt daran, dass ihr in viel kleinerem Maße diese Sonnenkraft in euch selbst tragt. Sie schlummert tief in eurem Inneren. Das ist besser so, bis ihr euch freiwillig dazu erhebt, der Wahrheit zu huldigen, den Sohn Gottes nicht in irgendeiner egoistischen Weise, sondern aus der Tiefe eures Seins zu verehren und anzubeten.

Sobald die Seele Bewunderung und Verehrung für den Solaren Logos, die strahlende Sonne am Himmel, empfindet – den eingeborenen Sohn des Vater-Mutter-Gottes – verspürt sie im Inneren eine Regung, so wie die Mutter die Bewegung des Kindes unter ihrem Herzen fühlt. Es ist genau dasselbe. Die Sonnenkraft erhebt sich nun in den Ätherkörper, in den physischen Körper, in alle Körper und jedes Zentrum. Die Zentren beginnen zu vibrieren und öffnen sich wie eine Blume im Sonnenlicht. Der Erkenntnis, dass alle eure Gefährten Brüder sind, folgt die Erkenntnis, dass ihr eins seid mit dem Christus. Das Gottesbewusstsein wird euch überschatten und beeinflussen.

Ihr werdet ein wahrer Yogi sein. Denkt nicht, dass darunter jemand zu verstehen ist, der mit der Bettelschale herumläuft. Ein Yogi ist jemand, der Gottesbewusstsein erlangt hat.

Viele Männer und Frauen, die heute leben, können Yogis genannt werden. Auch ihr könnt diese Stufe des Gottesbewusstseins, der Vereinigung mit Gott, erreichen. Von dieser Ebene aus vermögt ihr zum Sonnenbewusstsein voranzuschreiten, einem Zustand, der jenseits eures Fassungsvermögens liegt, der euch aber erwartet.

## VOLLKOMMENES LEBEN

Im Laufe der Zeitalter dienten die Tempel und Mysterienschulen dem besonderen Zweck, ehrlich und ernsthaft Suchenden die Möglichkeit zu bieten, Schüler zu werden. Sie halfen einfachen und aufrichtigen Seelen in die Geheimnisse des Lebens und der Seele sowie in das Leben nach dem Tod und den höheren Welten einzudringen. Es war niemals leicht, in eine Mysterienschule einzutreten. Sie lehrten sowohl die niederen als auch die höheren Geheimnisse des Lebens. Um dieses Wissen zu erlangen, musste die Seele rein und schlicht sein, da ansonsten eine Verbreitung oder ein Weiterreichen des Wissens gefährlich sein konnte.

Wie wir bereits erwähnt haben, geschah dies in vergangenen Zeitaltern. Dadurch wurde das gesamte Gleichgewicht der Erde gestört und geriet aus den Fugen. Die Folgen sind unheilvoll, wenn diese geistigen Kräfte von jemandem, der darin unterrichtet wurde, missbraucht werden. Aus diesem Grunde erweist sich die Seelenschulung als streng, besonders wenn die Seele nicht gewillt ist, den Befehl oder den Plan, der ihr unterbreitet wird, in schlichtem Glauben und Vertrauen anzunehmen.

In der Mysterienschule lehrte man den Schüler, das Sonnenfeuer, die Sonnenkraft, freizusetzen und sie zum Lobe Gottes und zum Segen und zur Erhebung seiner Mitgeschöpfe anzuwenden. Dies sollte nicht nur dadurch geschehen, dass man ein heiligmäßiges Leben führte, sondern auch indem man die Werke des Vater-Mutter-Gottes erfüllte. Wir versichern euch, meine Brüder, dass der Christus-Geist in die Herzen von Millionen einkehren wird. Die Ankunft des Herrn ist nahe!

Dies klingt in gewisser Weise biblisch. Aber es trifft zu, denn das Christuslicht wird in jeder Frau und in jedem Mann das Sonnenfeuer, den Christus-Geist, anregen. Freiwillig werden sie ihre persönlichen Waffen fortwerfen. Sie werden, um mit den Worten der Bibel zu sprechen, *ihre Schwerter zu Pflugscharen schmieden.* Sie werden die Kriegswaffen fortwerfen. Sie werden ihren Brüdern und Schwestern begegnen und sie wie in den Tagen der Mysterienschule grüßen, indem sie in Kameradschaft und Liebe die Hand des anderen ergreifen. Dies ist die Wiederkunft Christi; und die Kirche des neuen Zeitalters wird diese Kirche des Gotteslichtes sein, die Kirche der Brüder und Schwestern der Sonne, die Kirche des lebendigen, liebenden Christus.

# VIII

# ES GIBT KEINE ABKÜRZUNGEN

*Wer an mich glaubt, der wird die Werke, die ich tue, auch tun und*
*wird größere als diese tun.*

Joh. 14; 12

Manchmal empfindet ihr das Leben als schwierig und seid verzweifelt über die Welt und besonders über euch selbst. Wir von der geistigen Bruderschaft bringen euch Kraft, Liebe und Weisheit, um euch zu helfen. Wir wissen um den Eifer im Herzen einiger unter euch, mit der Arbeit voran zu kommen. Ihr möchtet das Wirken der großen Bruderschaft für die Erhebung und Entwicklung des Menschengeschlechts unterstützen und seid bemüht, Wege und Mittel zu suchen, um nützlich zu sein und zu dienen. Einige unter euch haben vielleicht geglaubt, diese Entwicklung ließe sich beschleunigen.

In einer Hinsicht ist dies möglich, da der Plan der unendlichen Weisheit zu diesem Zeitpunkt eine besondere Ausgießung des Lichtes auf die Menschheit vorsieht, so dass diese ihre eigene geistige Entwicklung zu beschleunigen vermag. Eines aber möchten wir klarstellen, es gibt keine Abkürzungen. Es ist ein Unterschied, ob man seine Evolution beschleunigt oder den Weg zum Himmel abkürzen will. Der erste Fall ist möglich – tatsächlich wird diese Möglichkeit den Menschen im Augenblick geboten – aber das zweite Vorhaben ist völlig abwegig. Man kann im Leben keine Abkürzung nehmen.

Jede Lektion muss gewissenhaft verinnerlicht und in die Tat umgesetzt werden. Durch die Taufe des Lichts, das die Himmel jetzt über die Erde ergießen, können diejenigen Seelen, die sich dieser besonderen Gelegenheit zu einer raschen Einweihung in das himmlische Leben als würdig erweisen, einen großen Schritt vorwärts machen. Ihr werdet dies in der Welt beobachten. Ihr habt bereits die vielen Gruppen, die sich bilden, und die Gelegenheit bemerkt, die den Massen gegeben worden ist und noch stärker gegeben werden wird, um die inneren Geisteskräfte zu erfahren. Im Moment durchläuft die Menschheit allerdings einen recht gefährlichen Abschnitt auf ihrem Weg. Bisher wurden diese Geheimnisse den Massen vorenthalten. Nur denjenigen, die in die Mysterienschulen eintraten, standen sie offen. Im Wassermann-Zeitalter stehen die Einweihungspforten weit offen – und darin liegt die Gefahr. Die Menschheit muss unterscheiden und klug urteilen lernen. Viele werden sich Gruppen anschließen, um zu lernen, wie man das innere Licht entfaltet. Die wahre Kraft, Kranke zu heilen und die Seele des Bruders und der Schwester zu erreichen, liegt in dieser Entwicklung.

Das Licht, das in jedem von euch im Laufe eurer geistigen Entfaltung erzeugt wird, ist wirklich und greifbar. Jeder Schüler, der seine inneren Fähigkeiten entfaltet, strahlt es aus, und es durchdringt tatsächlich die Seele des anderen. Diese heilige Kraft muss behutsam und klug eingesetzt werden.

Im Augenblick erwacht eure Intuition und drängt euch, nach dem Licht zu streben. Dieses starke Verlangen lässt euch hier und dort suchen, was häufig zur völligen Verwirrung führt. Ihr begegnet unzähligen Widersprüchen. Der Verstand ist gierig. Ihr seid neugierig, mehr über eure eigenen Inkarnationen zu erfahren und sehnt euch danach, mehr über euer vergangenes Leben zu wissen. Das ist bezeichnend. Wenn ihr wirklich bereit seid, in den Spiegel eurer eigenen Seele zu blicken, werdet ihr erkennen, wie angenehm – oder genau umgekehrt – eure Vergangenheit gewesen ist, und es bedarf einer starken und weisen Seele, der Wahrheit ins Antlitz blicken zu können.

Die schwierige Arbeit für die Seele besteht darin, Tag für Tag in einer dunklen Welt zu leben und die Lektionen, die das äußere Leben zu lehren beabsichtigt, aufzunehmen. In erster Linie möchten wir euch bitten, jegliche Furcht abzuschütteln. Wenn ihr diese kleine Lektion auch nur einige Wochen lang beherzigt, werdet ihr am Ende bemerken, welchen großen Schritt ihr vorwärts gemacht habt. Seid ohne Furcht. Gebt euch Gott hin. Liebe und Licht wird euch erfüllen; ihr werdet der Welt zum Frieden verhelfen und alle jene unterstützen, die sich in der Dunkelheit befinden, da sie voller Angst sind – selbst eure so genannten Feinde.

Es gibt keine Abkürzungen zum gelobten Land. Ihr mögt eine Leiter nehmen (die wir den Intellekt nennen) und über die Mauer einen Blick hinein werfen und es von Milch und Honig überfließen sehen. (Josua 5; 6) Es gibt viele Leute, die so hinaufklettern, hinüberblicken und zu wissen glauben. Sie denken, sie haben das gelobte Land erreicht. Aber das ist eine Täuschung. Es gibt nur einen Weg, das gelobte Land zu erreichen, indem man sich in das richtige Gewand kleidet, ein Gewand, das aus dem Stoff des gelobten Landes selbst besteht. Das bedeutet, die Seele vermag es nur zu kennen, wenn sie darin wohnt, indem sie geduldig und glücklich lebt und sich immer nach dem von oben kommenden Licht richtet und es niemals zulässt, dass es im Herzen erlischt.

Ein letztes Wort. Wenn ihr gelernt habt, die Stimme der Intuition zu vernehmen, wird eure Vernunft nicht an erster Stelle stehen. Die Vernunft wird ihren Zweck in eurem Leben erfüllt haben, und ihre Herrschaft wird ebenso vergehen wie alle anderen Dinge, die ihren Sinn erfüllt haben. Die Vernunft weicht der Intuition oder göttlichen Intelligenz des Gott-Selbst. Solange ihr der Intuition nicht die Möglichkeit bietet, in eurer Seele zu wachsen und sich zu entfalten, werdet ihr lange auf den harten Klang der Vernunft hören und an sie gefesselt sein.

## DIE WESENTLICHE LEKTION

Möge euer Blick klar werden und euch tiefer Frieden erfüllen, wenn ihr erkennt, dass das Leben einer vollkommenen Gerechtigkeit unterliegt. Das Wirken des Gesetzes wird Männer und Frauen dazu bringen, sich selbst ins Antlitz zu blicken.

Die Menschheit verbringt ihre Zeit damit, vor sich selbst davonzulaufen, indem sie Zerstreuung und Vergessen sucht, wodurch sie das Glück und die Freude, die Gott bereithält, vergeudet. Betrachtet die zahlreichen Ablenkungen, die ihr erfunden habt, Vergnügungen, die die Aufmerksamkeit der Menschen auf sich ziehen. Glaubt nur nicht, dass wir die Notwendigkeit der Erholung übersehen; doch ihr müsst lernen, euch im wahren und harmonischen Sinne zu entspannen und zu erholen. Zerstreut nicht die Energien des Geistes oder der Lebenskraft in eurem Körper, dem Tempel des Allerhöchsten... Wir wiederholen, die wesentliche Lektion besteht darin, dass das Leben die Menschheit lehrt, sich selbst gegenüberzutreten.

Wir fordern alle Schüler auf, ihren Weg sorgsam zu wählen, denn es werden Lehrer auftreten, die über ein bestimmtes Wissen verfügen und viel reden. Einige werden durch den Wortschwall vom Kurs abkommen. Denkt immer daran, obwohl Worte ihren Stellenwert besitzen und nützlich sind, um die Tür zu öffnen, könnt ihr den Einweihungstempel nicht aufgrund von Worten allein betreten. Die Losung auf der geistigen Ebene besteht nicht nur aus Worten. Sie erklingt im Herzen, und ohne das Erklingen des Passworts im Herz-Zentrum könnt ihr nicht zum Einweihungstempel vordringen. Es ist eine Sache, Worte zu lesen und ihnen zu lauschen und alles zu wissen, doch ohne das Losungswort, das Liebe heißt, ohne diese Liebe, fehlt euch die Christus-Kraft. Mit anderen Worten, ihr könnt nicht die Kraft haben, ohne Liebe zu sein.

Alle Sozialprobleme, denen ihr gegenübersteht, vom Krieg bis zur Habgier, sind entstanden, weil das Gesetz der Liebe gebrochen wurde. Hauptsächlich durch Leid lernt die Menschheit, auf die älteren Brüder zu hören, die von Zeit zu Zeit die einfache Wahrheit neu formulieren. Die Wahrheit, dieser Pfad, bedeutet, Leid zu mildern, den jüngeren Brüdern zu helfen, Harmonie und Glück zu finden und sich Christus, dem höchsten Ziel jeder Seele, zu nähern. Es ist sehr schwierig, den Weg zu finden, und sehr schwierig, ihn standhaft zu gehen, wenn man ihn erst einmal gefunden hat, da es so viel gibt, das den Blick umwölkt. Halt zu gewinnen und voranzuschreiten, heißt nicht, diesen oder jenen Weg zu wandern, sondern nach innen zu gehen und mit ganzer Kraft zur göttlichen Weisheit zu beten. Wenn sich das Licht einstellt, wird es nicht das Licht des Intellekts allein sein, sondern ein Licht, das die Seele drängt, alle zu lieben.

## DAS CHRISTUSLICHT

Alle suchen das Licht, aber euer Licht wird nicht vor den Augen der anderen entzündet – nicht einmal den Lieben enthüllt, die euch am nächsten stehen –, sondern im innersten Heiligtum, ohne Schleier zwischen euch und eurem wahren Selbst. Wenn ihr mit ganzer Kraft Gott anfleht, euer Herz zu erleuchten, wird in diesem Augenblick das Licht erstrahlen. Das Licht enthüllend, strebt ihr unbewusst der himmlischen Welt zu, der Heimat des Christus, dem Reich des Gottesgeistes. Nichts kommt dazwischen, denn das Licht in euch ist das Christuslicht. Das Licht nimmt zu, und sein strahlender Glanz umgibt euch. Der kleine Lichtpunkt stellt ein uraltes Symbol dar – die Kreismitte, von der aus kein Bruder und keine Schwester in die Irre gehen kann. So wie der Kreis um euch vollendet wird, sendet Gott die Kraft, um das Licht des Sohnes zu verstärken – euch.

Darin liegt das Geheimnis der weißen Magie. Es kann kein Übel geschehen, wenn sich der Christus durch euch manifestiert. Die Zeit rückt näher, in der Christus, der große Meister, wieder unter die Menschen tritt. Erkennt ihr, dass Kanäle, reine Werkzeuge, benötigt werden – so wie jener, den Jesus von Nazareth bereitete? Reine physische Körper, reine Astral- oder Wunschkörper und reine Mentalkörper werden benötigt, damit das göttliche Licht, das Christuslicht, erneut kommen und solche Kanäle benutzen kann, um der Menschheit zu helfen – nein, mehr noch, die Menschheit zu retten. Die Zeit wird kommen, in der diejenigen Seelen, die nicht bereit sind, auf die zur Erde herabsteigende, geistige Kraft zu antworten, zurückfallen, verschwinden und auf die nächste große Lebenswoge warten.

Wenn ihr für eure Brüder auf der Erde betet und meditiert, denkt nicht nur an Frieden; sendet das Christuslicht aus. Licht…Licht! Das Licht, das das Gleichgewicht hält; das Licht, das wie Magie wirkt.

Die Blume des vollkommenen Wesens muss sich nun auf physischer Ebene manifestieren, der Sohn, die Tochter Gottes; der Christus-Mann, die Christus-Frau; nicht nur durch den einen Jesus, sondern durch alle – durch alle, die ausreichend zu reagieren vermögen. Das ist die Wiederkunft Christi. Wenn euch der innere Christus erhellt, wird sich euer Blick weiten und ihr werdet den Meister sehen, den Vollkommenen. Ihr werdet ihn in der vollkommenen Herrlichkeit menschlicher Gestalt sehen. So wie Jesus durch Berührung oder auf die Entfernung durch seinen Gedanken heilte, vermögt auch ihr durch die Berührung oder den Gedanken zu heilen. *Wer an mich glaubt, der wird die Werke, die ich tue, auch tun und wird größere als diese tun.*

## HOFFNUNG

Im Frühling hallt das Wort „Hoffnung" durch das Land, und ihr hofft auf bessere Tage und blickt vertrauensvoll in die Zukunft, in der eure Erde von Blüten, Sonnenschein und Schönheit überdeckt ist. Unsere Botschaft an euch alle lautet: Hoffnung. Wenn ihr nur innehalten und nicht länger sorgenvoll und mürrisch sein wolltet! Wir wissen um eure Sorgen und dass ihr die Leiden anderer mit anseht. Wir blicken ein wenig tiefer und erkennen eine seltsame Schönheit hinter dem Leid der Menschheit. Jeder Erfahrung, jedem Kummer, jeder Traurigkeit und Böswilligkeit liegt eine Ursache, eine Sinnhaftigkeit zugrunde. Eines Tages, irgendwo und irgendwie, werdet ihr erkennen, dass es keinen Unterschied gibt zwischen tiefem Kummer und großer Freude. Ein geistiges Geheimnis? Ja! Noch vermögt ihr diese Dinge nicht zu verstehen, aber wenn ihr die Lektion gelernt habt, wird das Verständnis folgen.

Wir schenken euch Hoffnung. Ihr schreitet voran; die irdische Ebene, der Erdplanet als solcher, schreitet mit seinem ganzen Sein seinem Ziel, selbst eine Sonne zu werden, entgegen. Die Menschheit der Erde ist erwacht, und langsam, fast unmerklich, reagiert sie und erhebt sich, wie ein Kind, das sich im Mutterleib regt. Die Erde geht ihrer eigenen Geburt entgegen, sie wird vergeistigt, so dass ihre Kruste, ihre äußere Substanz, gewandelt und transzendiert wird.

In gleicher Weise bewegt sich das menschliche Leben einer solchen Geburt entgegen. Es schreitet in die Herrlichkeit, in die Freiheit. Mit jeder Erfahrung wächst das geistige Bewusstsein der Menschheit. Nichts im Leben ist vergeudet. Nichts ist rückläufig, und alles, was dazu beiträgt, das Leben zu vergeistigen, ist notwendig. Blicke wohlwollend, liebevoll und hoffnungsvoll auf die Welt, so wie sie ist. Es gibt keinen Tod! Nur Fortschritt, Fortschritt, Fortschritt. Wachstum! Eine sich stets aufwärts, zur Sonne bewegende Lebenskraft. Hoffnung!

# IX

# DER WEISSE ADLER

*Ich, Johannes, euer Bruder und Mitgenosse in der Trübsal und der Königs-*
*herrschaft und dem Ausharren bei Jesus, kam auf die Insel, die Patmos heißt,*
*um des Wortes Gottes willen.*

Offenbarung 1, 9

*[Trotz der zahlreichen Touristen ist die griechische Insel Patmos ein stiller Ort.*
*Hoch über der Hauptstadt erhebt sich zwischen Eukalyptus- und Pinien-*
*bäumen die weiße Kuppel des Heiligtums, das über der Felsgrotte errichtet*
*wurde, in der ein Engel Johannes aufsuchte und inspirierte, das Buch der*
*Offenbarung zu schreiben. Es liegt eine gewisse Zeitlosigkeit über dem Ort,*
*und der lange, beschwerliche Aufstieg wirkt symbolisch. Zunächst der Aufstieg*
*und dann die Stufen hinunter in die Höhle unter dem Gebäude – eine*
*aufwärts und eine nach innen gerichtete Bewegung, um den Ort der Stille zu*
*erreichen und aufzunehmen. Das kühle Innere wirkt wohltuend nach der*
*Hitze der griechischen Sonne, und der Anblick des Felskissens mit der flachen*
*Vertiefung in der Mitte, auf dem angeblich der Kopf des Johannes ruhte, als er*
*die Vision des Engels empfing, wirkt ergreifend. APH]*

*Wer überwindet, wird dies ererben, und ich werde sein Gott sein,*
*und er wird mein Sohn sein.*

Offenbarung 21, 7

*Wenn ich will, dass er bleibt, bis ich komme, was geht es dich an?*

Joh. 21, 7

*Und ich sah die heilige Stadt, das neue Jerusalem, von Gott her aus dem Himmel herabkommen, gerüstet wie eine Braut, die für ihren Mann geschmückt ist...*
*Und er zeigte mir einen Strom des Wassers des Lebens, klar wie Kristall, der vom Throne Gottes und des Lammes ausging. Inmitten ihrer Straße und auf beiden Seiten des Stromes standen Bäume des Lebens, die zwölf Früchte tragen, indem sie jeden Monat ihre Frucht bringen; und die Blätter der Bäume dienen zur Heilung der Völker.*
Offenbarung 21, 1-2; 22, 1-2

*In meines Vaters Haus sind viele Wohnungen.*
Joh. 14, 2

Nur wenige auf der Erde kennen das Geheimnis des Johannes. Der Intellekt allein vermag die ewigen Wahrheiten niemals zu lesen. Die mystische Bedeutung der Mission dessen, den wir Johannes nennen, haben wir bereits umrissen. Die eingehende Betrachtung seiner Botschaft zeigt denjenigen, die es verstehen, dass sich seine Lehre mit der Seelenkraft befasst. Bei den Evangelien des Matthäus, Lukas und Markus handelt es sich um Beschreibungen eines einzigartigen Mannes, seiner Worte und Taten; das Evangelium des Johannes spricht das innere Wesen dieser Person an. Die Ankunft Jesu verkündete das Wassermann-Zeitalter, das Zeitalter, in dem die Menschheit sich zum geistigen Licht erhebt: in dem Männer und Frauen ihre ganze Seelenkraft zu nutzen verstehen, da sie die einzelnen Körper kennen, die den Tempel, den Menschen, ausmachen.

Die Offenbarung des Johannes gibt einen Überblick über die universelle Evolution, vom Anfang bis zum Ende. Wir möchten nicht ausdrücklich behaupten: „Dies ist eine Tatsache; jenes ist eine Tatsache!" Statt dessen sollt ihr auf das Licht in eurem Herzen reagieren und die wunderbare Vision selbst erfahren. Johannes ist derjenige, der noch kommen – sich vollkommener manifestieren und unter die Kinder der Erde treten wird. In geringerer Form erschien er neben seinem geliebten Meister, den alle als Jesus von Nazareth kennen. Er wird aber zurückkehren – und dann in all seiner Herrlichkeit.

Manche stellen Vermutungen über den Tod des Johannes an: Wo starb er? Wo wurde sein Körper begraben?

Johannes ist niemals gestorben. Erklärte Jesus Christus nicht: *Wenn ich will, dass er bleibt, bis ich komme, was geht es dich an?* Mit diesen Worten brachte er zum Ausdruck, dass Johannes mehr als ein Mensch ist und die Menschenseele vertritt, die auf der Erde verweilt, bis das göttliche Leben…Licht…Wort…Sohn wiederkommt, um sich mit dem Geliebten zu vereinigen. Nur diejenigen Seelen, die unfähig sind, darauf anzusprechen, bleiben schlafend in der Dunkelheit zurück, bis lange Zeit danach das Licht erneut kommt.

## DIE SYMBOLE DES NEUEN ZEITALTERS

Mit fortschreitendem Wassermann-Zeitalter wird die übersinnliche Kraft der Menschen angeregt und entfaltet werden. Diese Kraft kann auch gefährlich sein. Ohne geistiges Wachstum und ohne die Entfaltung des Christuslichts in euch könnt ihr nicht sicher zur nächsten Stufe voranschreiten, auf der die in euch schlummernden spirituellen Kräfte aufbrechen. Jesus, der Christus, kam, um den Geist und die Seele der Menschen auf diese nächste Stufe vorzubereiten.

Der Meister Jesus ist ebenfalls das Oberhaupt des sechsten Strahls, des höheren Verstandes, der Philosophie und Heilung sowie der Philosophie der Liebe. Wir betrachten das Fische-Zeitalter, das Zeitalter der Seele und der Emotionen, als Vorbereitung auf die nächste Stufe, das Zeitalter des Geistes – das Wassermann-Zeitalter. Im Laufe dieses Zyklus wird die neue Kirche geboren werden – die Kirche des hl. Johannes – die der Menschheit die esoterische oder innere Bedeutung des geistigen Lebens enthüllt. Die Menschheit wird lernen, dass Männer und Frauen nicht nur vom Brot allein leben, sondern Nahrung aus dem universellen, geistigen Leben ziehen, was durch die sieben Tore oder die sieben Fenster der Seele geschieht.

Die in frühchristlicher Zeit errichtete Kirche des hl. Petrus gründete sich auf einem Fels – dem Fels der geistigen Veranlagung der Menschen. Der Umstand, dass die Kirche auf einen "Fels" gebaut ist, bedeutet, dass es Gläubige und sogar Priester gibt, die an die materielle Lehre gebunden bleiben. Einige gehen sogar soweit zu behaupten, ein Leben nach dem Tode sei ungewiss. Sie liefern euch eine ethische Lehre, aber was die geistige Erkenntnis und die vielen "Wohnungen", von denen der Meister Jesus spricht, anbelangt, dazu äußern sie sich nicht.

Im neuen Zeitalter hingegen werden die geistigen Kräfte in jedem Einzelnen angeregt. Ihr werdet lernen, die Fenster eurer Seele, die Chakras, zu öffnen und euch einem geflügelten Wesen gleich in die himmlischen Sphären zu schwingen. Eure geistigen Fähigkeiten werden sich entfalten, und das menschliche Bewusstsein wird sich hoch erheben.

Während das Fische-Zeitalter durch die Fische dargestellt wird, versinnbildlicht der weiße Adler das Wassermann-Zeitalter. Der weiße Adler ist das Symbol des großen Eingeweihten Johannes. Der Adler stellt auch den höheren Aspekt des Skorpions dar, was auf die sich erhebende Macht und Weisheit der Kundalini oder das aufsteigende göttliche Feuer im Menschen hindeutet. Im Zentrum der Kundalini schlummern die göttlichen Lebensfeuer, die schöpferischen Kräfte. Diese schöpferischen Kräfte können auch in animalischen Instinkten zum Ausdruck kommen, bedenkt aber, dass sie der Sitz Gottes im Menschen sind. Sie enthalten die Kräfte der Schöpfung und des geistigen Strebens, der Vollendung und Umwandlung. Während sich jede Person langsam vom Tier zum Gott entwickelt – der Mensch also vollkommener wird – erheben diese Feuer ihn auf Adlers Schwingen zum Himmel empor. Alles, was sich in den niederen Instinkten ballte, entfaltet und erhebt sich im Bewusstsein der Person, bis er oder sie erleuchtet wird. Dies ist die durch den weißen Adler versinnbildlichte, esoterische Auslegung der Wahrheit.

Die Kundalini wird im neuen Zeitalter durch himmlische Einflüsse angeregt werden. Boten – ihr mögt sie Engel nennen, da ein Engel ein Bote des Himmels ist – werden erscheinen und einen Licht- und Wissensstrom mit sich führen, der die Menschheit lehrt, sich zu erheben und ihre Schwingen zu entfalten. Als Sinnbild des neuen Zeitalters schwingt sich der weiße Adler in den Himmel empor und blickt weit hinaus.

Ihr kennt noch ein Symbol für das Wassermann-Zeitalter, den Wasserträger. Er gießt die Wasser des Geistes, das Wasser des Lebens, auf die Erde. Der Meister Jesus forderte seine Jünger auf, dem Mann zu folgen, der einen Wasserkrug trug, der sie zum Gasthof führen und ihnen einen Raum im "oberen Stockwerk" zeigen würde – damit ist das höhere Bewusstsein des Menschen gemeint. Das Scheitel-Chakra ist das obere Zimmer, das "obere Gemach".

Dort sollten sie Vorbereitungen treffen für die Ankunft des Meisters. In gleicher Weise muss der höhere Geist für das Eintreten des Christus-Geistes oder die göttliche Erleuchtung vorbereitet werden. Die Sonne ist das göttliche Feuer in der Seele jedes Sohnes, jeder Tochter. Der höhere Geist muss also vorbereitet werden, bevor der Christus eintreten kann. Erkennt ihr die Sinnhaftigkeit? Jeder Mensch muss sich zuerst in lauterem Denken und reiner Lebensführung schulen. Dann bemüht sich diese Person um höhere und bessere Formen der Anbetung und der Lebensweise. Dadurch bereitet sie sich auf die göttliche Einweihung vor.

In einigen Traditionen wird das Wassermann-Zeitalter durch eine Engelgestalt dargestellt, den vollkommenen Mann, die vollkommene Frau. Damit soll ebenfalls zum Ausdruck gebracht werden, dass eine Umwandlung der schöpferischen Kräfte im Menschen vom niederen zum höheren Zentrum bevorsteht. Die Johannes-Offenbarung spricht von den Mysterien der Evolution des Geistes und der schöpferischen Kräfte im Menschen, die von den „animalischen" Instinkten zur Mental- und Geistesebene erhoben werden müssen.

Am Anfang des Wassermann-Zeitalters wird es eine Periode intensiven geistigen Ausgießens geben. Überall werden Männer und Frauen, von denen man es am wenigsten erwartet, beweisen, dass sie Werkzeuge des Geistes sind. Sucht den Geheimschlüssel, haltet nach dem Wasserträger Ausschau, seht euch nach der geistig lebendigen Person in eurem Alltag um. Geht nicht töricht, sondern sehr still und weise vor. Wir wiederholen: Haltet nach der geistigen Belebung in den Menschen auf der Erde Ausschau, besonders in den so genannten weltlichen Leuten. Oft besitzen gerade die weltlichen Leute Erfahrung und große Menschlichkeit. Sie kennen und verstehen die Versuchungen und die Schmerzen und Leiden irdischen Daseins. Diese Leute werden die Kraft des Geistes zeigen. Sucht nach dem Mann des Geistes, jenem, der den Wasserkrug trägt, dem Wassermann.

## DIE OFFENBARUNG

Johannes, unser geliebter Bruder, hat der Seele der Menschheit eine tiefe, mystische Offenbarung geschenkt. Gelehrte haben sich bemüht, sie zu deuten, aber bis auf wenige Ausnahmen wurden nur die Hülsen gesammelt und das wirkliche Korn übersehen. Die im Evangelium und in der Offenbarung des Johannes enthaltenen Lehren sind vielen Quellen zugeschrieben worden. Manche erklären, die Offenbarung sei bloß eine Neuformulierung der griechischen und ägyptischen Geheimlehren, die in das Christentum einflossen.

Bei der Offenbarung des Johannes handelt es sich tatsächlich um eine Darstellung der uralten Weisheit, deren Wahrheiten sich unter einer Fülle von Sinnbildern verbergen, ehrwürdig und wunderbar, obwohl sie mitunter heftige und unheilvolle Warnungen enthält. *Wie es war am Anfang, so ist es jetzt und in alle Ewigkeit: eine Welt ohne Ende!* Wie damals, so heute! Wenn ihr eure eigene Schöpfung verstehen wollt, eure eigene Evolution, euer zukünftiges Leben, das Ziel, das ihr verfolgen sollt, müsst ihr nach der Wahrheit tief in eurem Inneren suchen und das geistige Leben erkennen –

das unsichtbare Leben – das jede Materieform durchdringt. Ihr müsst erkennen, das dieses unsichtbare Leben das lebendige Wort Gottes ist.

Man spricht von sieben verschiedenen Auslegungen der Johannes-Offenbarung, was wohl zu wenig ist. Die Vision des Johannes birgt das Geheimnis des gesamten Universums, von Anfang bis Ende – nicht nur der Schöpfung der Welt und des Sonnensystems dieser Erde, sondern ebenfalls der menschlichen Lebensspanne. Es enthält die Geheimnisse des Mikrokosmos und des Makrokosmos. Viele der Hinweise auf Bestien, Tiere und Feuerzeichen beziehen sich auf astronomische oder astrologische Wahrheiten. Obwohl gewisse Konstellationen angesprochen werden, solltet ihr bedenken, dass wir uns in erster Linie mit der Evolution der Menschenseele befassen. Durch die fortlaufenden Inkarnationen, denen sich die Seele unterzieht, wirkt sich früher oder später jedes einzelne Tierkreiszeichen auf sie aus.

Die Offenbarung weist eindeutig auf den Fall der Menschheit hin. Sie zeichnet ihren langen Abstieg von ihrer ursprünglichen Reinheit und Unschuld durch die sieben Sphären auf. Sie berichtet von der wachsamen Obhut der Engel; der Bekleidung der menschlichen Seele und des Geistes in immer dichtere Zustände, Träger oder Körper; von den immer enger werdenden Bindungen mit zunehmend stärkerer Belastung und Mühsal. Sie zeigt, wie sich die Seele nach vielen, vielen Leben oder Inkarnationen (reich an Erfahrung) schließlich wieder Gott zuwendet.

Manche nehmen an, dass sich die Prophezeiungen der Offenbarung auf tatsächliche, physische Ereignisse beziehen. Dies trifft wohl zu, jedoch nicht in der Weise, wie ihr es euch vorstellt. Mit jedem ausgesandten Lebensstrom* entsteht eine Wurzelrasse.

Die Lebenszyklen bewegen sich weniger kreis-, sondern eher spiralförmig. Die Lebensspirale beschreibt immer wieder einen Kreis; dennoch steigt das Leben mit jeder Runde auf. Mit jedem Zyklus bewegt sich die kollektive Menschenseele in eine höhere Schwingungsebene, nähert sich dem Himmel. Am Ende einer jeden großen Runde werden die kos-

---

* Im *"Engelbuch"* geht White Eagle ausführlich auf die Bedeutung der Lebensströme ein.

mischen Kräfte, die beiden großen Polen von Gut und Böse, so aktiv, dass es zu einer Explosion kommt.

Derartige Umwälzungen kann man in allen Zeitaltern beobachten. Die Geschichte der Sintflut in der christlichen Bibel bezieht sich auf den Untergang von Atlantis, wo die beiden Kräfte das kosmische Gleichgewicht störten und die Zerstörung des Lebens auf diesem Kontinent verursachten – eine gewaltige Läuterung. Begreift, dass Armageddon, von dem in der Offenbarung die Rede ist, nicht irgendein furchtbarer Kampf zwischen den Nationen bedeutet, sondern die Konfrontation innerhalb des Individuums, der sich jede Seele stellen muss. Es geht um den Fortschritt oder die Evolution des Mikrokosmos, um das, was jeder Seele widerfahren wird – Aufbruch, Reinigung und Läuterung. Zu bestimmten Zeiten in der Weltgeschichte muss dies geschehen. Wie unten, so oben! Nach der Aussage des Johannes ist Armageddon ein Hinweis auf die höheren oder geistigen Ebenen. Er beschäftigt sich fast ausschließlich mit dem Fortschritt oder der Evolution des Mikrokosmos. Jede Seele muss diesen Aufbruch, diese Reinigung und Läuterung durchleben; der Kampf zwischen dem niederen und höheren Aspekt des Selbst muss ausgefochten werden, was aber nicht unbedingt zu einer solchen Verheerung führen muss wie in der Vergangenheit. Auf den inneren Ebenen, im Astralen, kann es Krieg geben, der sich natürlich auf die Erde auswirkt. Wir möchten aber betonen, dass Johannes eindeutig auf den Kampf zwischen dem höheren und dem niederen Selbst hinweist.

Es gibt ein einziges, klares Ziel im Leben, und das ist der Fortschritt. Was Rückschritt zu sein scheint, ist nur eine Form letztendlichen Fortschritts. Ihr dürft nicht vergessen, dass sich die Menschheit spiralförmig weiterentwickelt; die Erfahrung von gestern mag die Erfahrung von morgen sein, aber auf einer höheren Schwingungsebene.

# DIE GOLDENE STADT

Wir wünschten, ihr könntet die goldene Stadt wahrnehmen, von der Johannes spricht.

Wo liegt diese Stadt? Ist sie etwas Äußerliches oder etwas in euch selbst? Beides, meine Freunde. Vor allem liegt sie tief in euch selbst. Doch was im Inneren liegt, muss schließlich nach außen treten oder außerhalb von euch zum Ausdruck gebracht werden. Nach dem Tode findet die Seele einen Zustand vor, der die Gedanken und Gefühle widerspiegelt, innerhalb derer sie sich in ihrem physischen Leben gewöhnlich bewegte. Sie wird umgeben von ihren eigenen, nach außen verlagerten Gedanken und Bestrebungen. Die Gedanken, die eine Person auf Erden denkt, werden sie im jenseitigen Leben umgeben. Selbst euer Zuhause werdet ihr dort wiederfinden – Bibliotheken, Lieblingsbilder, geliebte Gärten und bevorzugte Ferienorte – alles, was die Seele erfreut hat, wird sie in der geistigen Welt wiedersehen.

So wie ein Kind zum Erwachsenen wird, so wächst ein Mann oder eine Frau im geistigen Sinne und schreitet dann weiter von der menschlichen Ebene zu der des Engels. In der Bibel heißt es an einer Stelle, dass der Mensch, wenn er alle Dinge „überwindet", Gottes Sohn wird – und ein Engel.*

Es gibt Lebensbereiche, die ihr, die ihr in der Erdhaftigkeit gefangen seid, euch nicht einmal vorzustellen vermögt. Das bedeutet aber nicht, dass ihr die Herrlichkeit des Himmels nicht wahrnehmen könnt, solange ihr euch in einem physischen Körper befindet.

Wenn eine Seele durch geistiges Streben, Meditation, Gebet und Liebe sich Gott immer bewusster wird, wird sie für die Einweihung in die "goldene Stadt" vorbereitet. Es heißt, diese Stadt habe zwölf Grundmauern – die zwölf Seeleneigenschaften, die wesentlichen Eigenschaften, um "Jerusalem" in der Seele zu erbauen. Die erwähnten zwölf Tore, die zwölf Volksstämme, bedeuten die zwölf vollendeten Urbilder von Männern und Frauen, die zwölf vollkommenen Tierkreiszeichen. Je drei

---

*Die Offenbarung spricht immer wieder davon, dass diejenigen, die alles überwinden, belohnt werden. Vergleiche dazu die Zitate zu Beginn dieses Kapitel.

Tore befanden sich im Norden, Süden, Osten und Westen. Sind dies nicht Erde, Luft, Feuer und Wasser, die Elemente, aus denen jede Seele die vollendete Stadt erbaut?

Beachtet einen weiteren wichtigen Punkt. Johannes berichtet, dass es in dem neuen Himmel und auf der neuen Erde kein Meer gibt.* Dies bedeutet, dass es keine Trennung gibt, keine Trennlinie zwischen der Erde und dem Himmel; dass in dieser neuen Stadt, in diesem neuen Seinszustand, das himmlische wie das irdische Leben seine Deutung findet. Dieses vollendete Gleichgewicht wird durch den sechsstrahligen Stern symbolisiert. Alle Seher wissen, dass sich Himmel und Erde durchdringen, was sich in der Menschengestalt verwirklichen muss. Wenn der Seher in seiner Schau durch die Straßen der goldenen Stadt wandert, weiß er, dass ihn dies für seinen Alltag nicht untauglich macht, sondern seinen Körper und seinen Geist vervollkommnet und es ihm ermöglicht, auf der Erde und im Himmel ein reineres, geistiges Leben zu führen.

Die durch das Meer symbolisierte Trennung muss schließlich aufgehoben werden. Sie wird überwunden werden, und das himmlische und irdische Leben werden einander durchdringen. Diese goldene Stadt findet ihre Entsprechung in der goldenen Blume der chinesischen Lehre. Die goldene Stadt und die goldene Blume versinnbildlichen das Herz-Zentrum, diesen innersten Zustand, zu dem alle gelangen können. Es ist der Zustand göttlicher Erleuchtung, den alle durch geistiges Streben und echte Meditation erreichen. Das "neue Jerusalem" erhebt sich auf den Grundmauern der zwölf Lebenstugenden. Es heißt, der Engel nimmt ein Längenmaß von einhundertvierundvierzig Ellen und gestaltet ein vollkommenes Viereck, einen vollkommenen Würfel, was bedeutet, dass die vollendete Seele durch ein vollkommenes Viereck dargestellt wird; und die Zahl des vollkommenen Menschen lautet neun; dargestellt durch die Quersumme der Zahl einhundertvierundvierzig. (Offenbarung 21,17)

Ihr seid der Tempel in der Gottesstadt; ihr seid der vollkommene Wür-

---

*Der Aufbau der heiligen Stadt und das fehlende Meer werden im einundzwanzigsten Kapitel der Offenbarung beschrieben.

fel, vervollkommnet durch Erfahrung und vielleicht durch Leid, aber stets durch eure menschlichen Beziehungen. Alles Überflüssige wird im Laufe der Leben beseitigt, und ihr werdet zur vollendeten Wohnstatt, zum Tempel für den innewohnenden Christus. Sobald ihr das göttliche Licht des Vater-Mutter-Gottes kanalisiert, seid ihr fähig, einzelne Menschen zu heilen – und einzelne Menschen bilden Nationen, und Nationen gestalten die Welt.

Begreift ihr, wie wichtig es, dass jeder Einzelne erkennt, warum er oder sie erschaffen wurde und erfasst, dass er oder sie Sohn oder Tochter Gottes ist, damit er oder sie Nationen zu heilen vermag? Zum gegenwärtigen Zeitpunkt in der Geschichte ist eine solche Heilung von größter Bedeutung. Wie können Städte neu erbaut, Nationen reformiert werden, wenn nicht zuvor der kristallklare Lebens-, Licht- und Heilungsstrom, den Johannes erwähnt, die Welt rein wäscht?

Das neue Jerusalem ist die vollendete Seele, der vervollkommnete Mann, die vervollkommnete Frau. Darin, meine Freunde, liegt das Ziel jedes Wahrheitssuchenden. Denkt nicht, es sei nur ein Zustand, der euch in Tausenden von Jahren erwartet. Ihr könnt beginnen, dieses vollkommene Leben jetzt zu begreifen. Wenn sich eine Seele auf das vollkommene Leben einschwingt (das Liebe, Weisheit und Macht ist), wird sie zum reinen, makellosen Lichtwürfel, durch den ein kristallklarer Strom direkt aus dem Herzen des Kosmos fließt.

Johannes sah *einen neuen Himmel und eine neue Erde* – die heilige Stadt – gleich einem neuen und vollkommeneren Jerusalem. Es bedarf keiner irdischen Sonne und keines irdischen Mondes mehr. Gott, der Geist, die geistige Sonne; die Seele, der geistige Mond; und die Straße der Stadt ist golden, klar wie Glas. Der Eingeweihte beschreitet stets den goldenen Pfad, frei von Schlacken und Schatten.

Es fehlt uns an Worten, um die goldene Stadt zu beschreiben. Aber ihr könnt euch selbst dazu bringen, sie zu erfassen. Ihr könnt sie nicht verfehlen, auch wenn ihr es hinausschiebt oder verzögert. Wenn ihr wachsam und betend dem Lebenspfad folgt – langsam, geduldig euch bemühend, die niedere Natur zu unterwerfen und die wilden Emotionen, die das höhere Selbst zu überfahren drohen, beherrscht, könnt ihr versichert sein, dass durch tägliches Bemühen, tägliches Streben nach Gelassenheit, Selbstkontrolle und Ausgeglichenheit die höheren Lebensträger nach und nach geläutert werden, bis sie fähig sind, auf die himmlischen Einwirkungen zu reagieren.

Lohnt es sich nicht, danach zu streben, dafür zu leben? Wir versichern euch, dass alle Verwirrungen, alle körperlichen und seelischen Krankheiten, all die irdischen Unannehmlichkeiten und Kümmernisse der heutigen Zeit wegfallen werden, wenn diese Vision in das Herz, den Verstand und die Seele eines Mannes oder einer Frau einsinkt. Geliebte Brüder und Schwestern, als Jesus über Jerusalem weinte, weinte er nicht nur über die Stadt in Palästina, sondern über die leid- und kummervolle Seele des Menschen. (Lukas 19, 41)

Möge euch göttlicher Friede einhüllen; möge sich die göttliche Wahrheit offenbaren, so tief sie auch in eurem Bewusstsein schlummern mag. Möget ihr das neue Jerusalem schauen, das in eurem innersten Sein ruht; und möge eure Vision auf der Erde und auf allen Lebensebenen zum Ausdruck kommen.

# X

# DAS ZEITALTER DER INTUITION

*Der Weg zur Wahrheit führt über den Geist. Unglück, Tumult und Chaos sind nur in der äußeren Welt zu finden. Du denkst mit dem sterblichen oder äußeren Verstand, welcher ein Teil des Irdischen ist. Du solltest aber mit dem inneren Verstand denken. Du tätest besser daran, alle Probleme mit Hilfe des inneren Selbst zu lösen – durch deine Intuition. Das Wort In-tuition erklärt sich selbst. Es heißt: „Innere Belehrung". Du suchst immerzu Hilfe von außen, während doch allezeit die Hilfe, die du brauchst, inwendig ist. Die Welt des Geistes, von der so viele reden, an die so viele glauben und die so viele von euch erreichen wollen, diese Welt des Geistes ist – inwendig in dir!*
In der Stille liegt die Kraft

Das Fische-Zeitalter ist das Zeitalter der Seele und der Emotionen gewesen. Im Christentum finden wir eine Religion, in der die Emotionen angeregt und zum Zweck der Hingabe genutzt werden. Der Emotional-körper wirkt als ein Werkzeug, durch das die höheren, himmlischen Einflüsse die Menschheit erreichen können. Im Wassermann-Zeitalter wird dies durch den höheren Geistkörper geschehen, durch die Intuition. Ein frischer, schöpferischer Geist wird die Menschheit berühren.

In diesem neuen Zeitalter wird es eine neue Religion geben, die sich nicht allein auf das Wort gründet. Sie predigt nicht nur das Evangelium, sondern erklärt ihren Anhängern die mystischen Zeichen und Symbole des Zeitalters. Sie lehrt die Menschen, ihre eigenen gottähnlichen Kräfte zu entfalten, damit sie die Geisteskräfte zum Segen aller nutzen. Dazu ist nicht nur Wissen erforderlich, sondern die Entfaltung einer inneren Kraft, die in ihren Anfängen manchmal auch Intuition genannt wird. Die In-

109

tuition kann sich bis zu einem solchen Ausmaß entwickeln, dass sie zum Wissen wird, dem absoluten und sicheren Wissen um das göttliche Leben. Diese Kraft fließt durch die Hände, durch die Augen, durch die Aura der Leute, die sie entwickelt haben. Diese Brüder wandern durch die Welt und tragen eine Heilkraft in sich. Sie sind die Friedensstifter. Es ist die Fähigkeit, jene höhere Bewusstseinsebene jederzeit und in jeder Lebenssituation zu erreichen.

Übersinnliche Phänomene werden im neuen Zeitalter für zahlreiche Leute eine größere Bedeutung gewinnen. In den Herzen vieler wird sich die uralte Weisheit regen. Manche von euch sind in gewisser Weise schon darin geschult, ihre Chakras zu öffnen. Aufgrund des fortgeschrittenen geistigen Wachstums der Menschheit entwickelt sich bereits ein sechster Sinn. In naher Zukunft werden Wissenschaftler entdecken oder haben bereits entdeckt, dass das Leben und sogar die physische Materie geistigen Ursprungs ist. Man wird beweisen, dass das Leben nicht materiell (wie es zu sein scheint), sondern in Wirklichkeit ein fließender, geistiger Bewusstseinszustand ist. Die Mysterienschulen der Vergangenheit lehrten die Schüler, diese inneren Kräfte zu entfalten, aber das Wissen wurde nicht allen vermittelt, da die Gefahr bestand, es unwissentlich oder wissentlich selbstsüchtig zu missbrauchen. Wir möchten eindeutig auf die Gefahren und den Segen hinweisen, die eine Entfaltung der inneren Kräfte und die Berührung einer jenseits des gewöhnlichen Verstandes liegenden Bewusstseinsebene mit sich bringen. Die Novizen der antiken Mysterienschulen mussten sich strenger Prüfungen ihrer Integrität, Lauterkeit und Loyalität unterziehen, ehe sie zugelassen wurden.

Es ist unklug, eine Entfaltung der Chakras zu erzwingen, aber es liegt im Evolutionsplan, sie zu beleben; denn sie müssen uneingeschränkt tätig sein, bevor der Mann, die Frau vollkommen ist. Zur Zeit hat die Menschheit – oder viele ihrer Angehörigen – einen Punkt erreicht, an dem eine Belebung der Chakras wünschenswert wäre.

# DEN VERSTAND DES HERZENS ENTWICKELN

Das strahlende weiße Christuslicht heilt alle körperlichen und seelischen Krankheiten. Es heilt den physischen Körper und vertreibt alle Schatten. Es wirkt als Erbauer und Gestalter, und die unsichtbaren Heerscharen rufen euch auf, dem Licht aktiv zu dienen.

„Wie" – hören wir eure unausgesprochene Frage – „wie können wir dienen, auf welche Weise tätig sein?" Ihr müsst euch bemühen, die unsichtbaren Kräfte, die auf der Erde wirken, wahrzunehmen. Ihr müsst euren Körper und eure höheren Träger schulen, um den Lichtstrom, der durch eure Chakras eintreten kann, bewusst aufzunehmen. Ihr müsst lernen, euch dieses kreisenden Lichtstromes bewusst zu werden, der den Körper und die Seele belebt und erstrahlen lässt und der unter der Führung eures höheren Selbst von euch ausgeht, um die Kranken der Welt zu heilen – die an Leib und Seele Erkrankten. Die Schwingungen und die Kraft der Engel und erhabenen Geistwesen wirken durch menschliche Kanäle, um den Himmel im Menschenbewusstsein zu errichten. Der uralten Weisheit zufolge bestand die Ausbildung in den Tempeln der Vergangenheit darin, das Land des Lichtes wahrzunehmen, um sich des Lichtes in der Seele bewusst zu werden; um die Wirkung der Farben auf Seele, Geist und Körper ...die Wirkung der Düfte...die Wirkung des Klanges zu erkennen.

Für euch alle ist nun der Zeitpunkt gekommen, euren sechsten Sinn zu entfalten, den wir Intuition nennen. Die Menschheit hat sich lange Zeit auf die Anregung und Entwicklung des Intellekts konzentriert. Der sechste Sinn oder Lichtstrahl soll euch die Geheimnisse der Natur, der Schöpfung und des gesamten geistigen Lebens und seiner Sinngebung eröffnen. Wir selbst arbeiten besonders auf diesem Strahl der Intuition, dem Strahl der Liebe und Weisheit. Wenn wir uns mit euch und der Gemeinschaft der geistigen Brüder im inneren Heiligtum versammeln, begegnen wir uns in Liebe und bitten um das kostbarste Geschenk des Lebens – Weisheit durch Liebe.

Die Liebe im Herzen vermag die übersinnlichen oder geistigen Zentren zu beschleunigen, aber eine Entfaltung der Liebe ohne Wissen genügt nicht. Wenn ihr nur Liebe aussendet, könnt ihr in einen selbstzufriedenen, träumerischen Zustand geraten; aber wenn sich die höheren Zentren öffnen, könnt ihr wissend handeln. Wissen sollte mit Liebe gepaart sein, Liebe mit Weisheit; es ist wichtig, den Weisheitsaspekt zu entwickeln. Wir wissen, dass alle Dinge mit Liebe getan werden können; aber wenn das Wissen fehlt, gleicht sie einer geschlossenen Blüte. Strebt nach Wissen; strebt danach, bewusst auf den höheren Ebenen zu arbeiten und es zu verstehen.

In euren Meditationen erfahrt ihr, wie ihr die höheren Zentren belebt, das heißt, euer Bewusstsein für die reine, geistige Lebensebene öffnet. Dies ist der richtige Weg, um die inneren Fähigkeiten zu entfalten. Der sechste Sinn, die Intuition, wirkt aus dem Herz-Chakra. In der Meditation, in der wahren Betrachtung der Gottheit und dessen, was heilig ist, öffnet ihr dieses Zentrum. Der sichere und richtige Weg geistiger Entfaltung ist es, aus der Liebe des Herzens heraus zu arbeiten. Das Seelenbewusstsein hat seinen Sitz im Gehirn. Der göttliche Geist ruht im Herzen. Ihr öffnet auch das Kehlkopf-Chakra für reines Sprechen und Wissen – ein Wissen, das aus der fünften Sphäre, der Sphäre des Merkur, kommt. Die Entfaltung des Kehlkopf-Chakras inspiriert die Rede.

Der eine, der das Licht ist, der Christus im Innern, lebt im Herz-Chakra. Ein heiliges Band verbindet das physische Organ – das Herz – mit dem über dem Herzen liegenden geistigen Zentrum im Ätherkörper. Im Augenblick des Todes wird der Gottesfunke, das geistige Samenatom, aus dem Herzen zurückgezogen. Das geistige Leben wirkt also über das Herz-Chakra. Es wird Liebe genannt. Euer Herz ist demnach das Zentrum der Intuition.

Die ewigen Lebenswahrheiten müsst ihr nicht nur verstandesmäßig, sondern auch geistig erfassen wollen – eine Verbindung mit dem Verstand des Herzens zu ihnen aufbauen. Viele Schulen betrachten den Intellekt als ihren Pfad; das liegt daran, dass ihr Intellekt des Wachstums und der Entwicklung bedarf. Manche aber müssen nicht dem intellektuellen Pfad folgen, um die ewigen Wahrheiten zu finden oder aufzunehmen. Viele betrachten den Pfad des Herzens als einfacher, und wir arbeiten auf dem Strahl der Liebe und Weisheit. So möchten wir das herrliche Licht des Geistes nicht nur mit Worten, sondern auch in seinem Wesen enthüllen.

Es gibt viele Wege, die inneren Mysterien zu erfahren, nicht nur durch das geschriebene oder gesprochene Wort. Wenn sich die Seele auf die höheren Ebenen der Liebe und Weisheit einzuschwingen vermag, wird sie mit dem Verstand des Herzens empfangen. Obwohl der äußere Verstand die auf diese Weise aufgenommene Wahrheit nicht immer sofort zu deuten weiß, wird ihm dies zu einem späteren Zeitpunkt allmählich gelingen, und es werden sich ihm große Wahrheiten offenbaren, denn das Herz erfasst stets richtig. Das, was das Herz aufnimmt, ist Wahrheit. In der augenblicklichen Zeit entfaltet sich dieser innere Sinn; durch die Intuition werden unverständliche Wahrheiten erklärt – Wahrheiten, die für den Materialisten unerklärbar sind, so hervorragend sein Intellekt auch sein mag. Der Verstand des Herzens weiß, er versteht diese erhabenen Mysterien.

Wenn die Seele außerhalb der Begrenzungen des physischen Gehirns höhere Bewusstseinsebenen anstrebt, können frühere Inkarnationen ins Gedächtnis zurückgerufen werden. Viele Leute haben nur ein verschwommenes Empfinden, oder die Seele ist sich bestimmter Neigungen und Eigenschaften aus der Vergangenheit bewusst – einer Vorliebe für chinesische Stickerei, der Freude an griechischen oder spanischen Tänzen, der Liebe für ägyptische Kunst. Irgendein winziger Charakterzug mag die Verbindung zu einer vergangenen Zivilisation verraten. Diese Erinnerungen dringen weder über das irdische Gehirn noch über das im Herzen gelegene geistige Gehirn ein. Es ist der Verstand des Herzens, der die Verbindung zur Ewigkeit aufnimmt. Man könnte es auch Intuition nennen.

In dieser Weise sollte sich die Intuition entwickeln. Fehler spielen keine Rolle. Im Vergleich zu den erhabenen und weisen Wesenheiten machen wir alle Fehler. Es ist durchaus richtig, die Intuition entfalten zu wollen, aber achtet darauf, dass die innere Stimme aus dem Herzen der Weisheit kommt, nicht vom Selbst, das etwas begehrt, vom Wunsch-Selbst. Die Intuition kommt wie ein Blitz; sie ist ein inneres Wissen. Wichtig ist es, den Mut zu besitzen, danach zu handeln; auf alles vorbereitet zu sein. Die Intuition kann in der Meditation entfaltet werden, nicht durch die Tätigkeit des Verstandes, sondern durch die stille Betrachtung im Heiligtum des Herzens.

## BEHERRSCHUNG DER EMOTIONEN

Wir wollen die innere Welt betrachten, von der wir sprechen. Ihr mögt sie als eine Mentalwelt betrachten, denn wenn ihr euch von der äußeren Welt, dem irdischen Leben zurückzieht, scheint ihr nach innen zu gehen und in eurer Gedankenwelt zu weilen. Diese innere Welt ist aber nicht nur eine Welt der Gedanken, sondern auch der Gefühle. Ihr begebt euch jenseits des Gedankens und betretet eine Welt feinerer Gefühle, eine Welt der Emotionen. Auch wenn sie es nicht erkennen, so leben doch alle Menschen in einer solchen emotionalen Welt, die von der umliegenden Mentalwelt oder den Gedanken anderer beeinflusst wird. Aus diesem Grunde gehört es zur Entwicklung geistiger Erkenntnis, Hellsichtigkeit und Erleuchtung zu lernen, euren zarten Emotionalkörper vor den groben Gedanken der äußeren Welt zu schützen. Ihr seid euch dessen nicht bewusst, dass ihr von den Gedanken anderer beeinflusst werdet. Ohne zu wissen, was geschehen ist, spürt ihr die Auswirkungen in eurem Sonnengeflecht. Vielleicht führt ihr es auf irgendeine physische Ursache zurück. Natürlich hat nicht jeder Aufruhr dieser Art eine emotionale Ursache, aber es passiert. Dann müsst ihr euch vor den Gedanken schützen, die in eure Aura eindringen und auf diese empfindsame Stelle, das Solarplexus-Zentrum, einwirken können.

Um euch vor diesen Gedankenpfeilen zu schützen, müsst ihr eure Emotionen beruhigen, den Emotionalkörper beherrschen. Das ist nicht einfach, aber wesentlich, wenn ihr euch den höheren Ebenen nähern und

114

an die höheren Brüder herantreten wollt, die darauf warten, euch zu helfen. Ihr müsst euch darauf vorbereiten, in ihre Aura einzutreten. Um dies zu erreichen, bedarf es der Beherrschung des Emotionalkörpers, und dies ist der Punkt, an dem so viele Aspiranten scheitern. Sie bemühen sich sehr, aber ihre Emotionen sind zu ungestüm, so dass sie sich selbst von diesem stillen, wunderschönen Ort fernhalten, an dem die überragenden Geister, die Meisterseelen, wohnen. Wir bitten euch, gut darüber nachzudenken, denn es ist die allererste Lektion, die gelernt werden sollte – die Wirklichkeit der Emotionalebene, eurer eigenen Emotionen, und das Wirken eures Gefühlskörpers zu erkennen.

Um euch gegen die Gedanken anderer zu schützen, die euren Emotionalkörper stören, müsst ihr die Liebe Gottes suchen, die Liebe Christi. Ihr sollt um diese sanfte Liebe bitten und euch bemühen, sie zu leben. In dem Maße, in dem ihr diese milde, friedfertige, stille Liebe dem Leben gegenüber – nicht nur den Menschen, sondern dem Leben selbst gegenüber, so dass ihr Licht ausstrahlt – aufzubieten vermögt, umgebt ihre eure Aura mit einem weißen Schild, den die Welt nicht durchstoßen kann. Unerwünschte Gedanken können nicht in eure Aura eindringen, wenn ihr aus dem Tempel, aus eurem Herz-Chakra, Liebe aussendet. Sind eure Emotionen beherrscht, ruhig und ausgeglichen, könnt ihr nicht beeinflusst oder euer Geist durch die Gedanken der Welt beunruhigt werden. Ein Meister beherrscht alle Lebensumstände, weil er sein Wesen beherrscht.

Diejenigen, die den sechsten Sinn entfalten möchten, um für den Meister zu arbeiten, müssen ihre Emotionen unter Kontrolle haben. Manchmal benötigt die Seele Schmerz und Leid, um die tieferen Emotionen zu entwickeln und zu lernen, sie zu beherrschen. Der mittlere Pfad ist der Weg des Jüngers – ein Mitempfinden für das Leid anderer und eine Sensibilität für die geistigen Einflüsse, die der Seele helfen wollen. Ungestüme Emotionen stehen einer Entfaltung der Intuition im Wege.

Die Emotionen werden immer durch das Wasser symbolisiert. Wenn sich das Wasser stark bewegt, verzerrt sich die Spiegelung. Ist das Wasser ruhig, klar und rein, wird alles makellos widergespiegelt. Wenn die Seele sich in Stille und Frieden geübt hat, ist sie für echte Eindrücke, echte Gefühle aus der geistigen Welt empfänglich. Der Mangel an geistiger Beherrschung bildet das größte Hindernis im Dienst des Meisters. Frieden ist das Ergebnis beherrschter und weise gelenkter Emotionen. Des Messers Schneide, auf der sich der Schüler bewegt, bedeutet, die Gefühle zu entwickeln, sie aber zugleich zu beherrschen.

## DIE VOLLENDETE BLUME

Stellt euch eine liebliche, zarte Rose vor, die auf dem Hauptaltar eines Tempels steht und ihre Blütenblätter der Sonne entgegen öffnet. Die Rose ist das Symbol eines Menschenherzens, das den Duft der Liebe ausströmt. Ihr mögt solche Herzen nicht oft sehen, aber wir sehen sie. Wir sehen viele Menschenherzen, die sich uns öffnen, und atmen den zarten Duft menschlicher Liebe. Strömt auch ihr diesen Duft aus. Haltet euer Urteil und eure Kritik zurück. Bedenkt die Prüfungen und Schwierigkeiten im Leben eines anderen Menschen, die sie vielleicht reizbar und hart machen. Wischt Zorn durch Sanftmut und Liebe beiseite und denkt daran, dass euer Gefährte, ebenso wie ihr, Verletzungen und Reizbarkeit empfinden mag; und ehe du nicht mit dem Gefühl deines Gefährten fühlst, kannst du keine Meisterseele sein. Die menschliche Art ist es, die Taten anderer schnell zu verurteilen, die göttliche hingegen, ruhig und liebevoll zu bleiben.

Werdet still und ruhig, die Rose in eurer Mitte … Auf dieser himmlischen Bewusstseinsebene entfaltet ihr die Kraft, die Wahrheit zu empfangen, die Kraft des Gefühls und der Imagination. Wenn ihr die Schönheit der himmlischen Welten fühlt, nehmt ihr die göttliche Wahrheit intuitiv auf. So könnt ihr zwischen dem göttlichen Willen und dem Eigenwillen unterscheiden. Der Schüler lässt alle irdischen Güter zurück – Verstand, Körper, Besitz, Wünsche – um Gott zu folgen. Wenn ihr dies versteht, könnt ihr euch auf eure Intuition verlassen. Das Ganze lässt sich in diesen wenigen und einfachen Worten zum Ausdruck bringen: „Sei still (in Liebe) und wisse, ich bin Gott."

Euer ganzes Leben spielt sich im Wirkungsfeld kosmischer Kräfte ab, und wie ein Magnet zieht ihr solche Bedingungen und Kräfte an, die denen gleichen, die ihr in euch selbst geweckt habt. Der Mensch vermag die Substanz jeder Lebensebene zu gestalten; durch eure Gedanken, durch euren Willen seid ihr in der Lage, diesen Stoff zu formen. Wenn ihr euren physischen Körper, das Nervensystem und das Denken wirklich beherrscht – so dass ihr in jeder Weise die Bedingungen zu schaffen imstande seid, die der göttliche Wille in euch wünscht – dann könnt ihr in der Meditation den „Tempel der goldenen Blume" aus geistiger oder himmlischer Substanz um euch herum erbauen. In der Meditation seid ihr vollkommen geöffnet, vergleichbar mit einer wunderschönen Blume, mit dem tausendblättrigen Lotos des Scheitel-Chakras oder dem vielblättrigen Lotos des Herz-Chakras. Ihr, als Geist, seid tatsächlich in dieser Blume, und diese Blume wird zu einem wunderbaren geistigen Tempel, der euch umgibt. Ihr befindet euch dann im Tempel eurer eigenen Seele und in der geistigen Welt.

Durch die Verschmelzung von Intellekt und Emotionen wird der Geist berührt, die Intuition erreicht. Gefühle und Gedankenkraft entfalten gemeinsam die Intelligenz des Individuums, die sich vom bloßen Intellekt unterscheidet, der die geistige Nahrung nicht alleine verarbeiten kann. Beherrscht und weise genutzt, werden die Emotionen den Verstand in einer Weise durchdringen, dass die Intuition und die göttliche Intelligenz wirksam werden.

# XI

# FEINSTOFFLICHE KÖRPER

*Und siehe, eine Tür war geöffnet am Himmel, und die erste Stimme, die ich*
*gehört hatte, wie von einer Posaune, die mit mir redete, sprach: Komm hier*
*herauf, und ich will dir zeigen, was nachher geschehen soll. Sogleich geriet ich*
*in Verzückung, und siehe da, ein Thron stand im Himmel, und auf dem*
*Thron saß einer.*
Offenbarung 4; 1-2

*Wer überwindet, dem will ich zu essen geben vom Baum des Lebens,*
*der im Paradiese Gottes ist.*
Offenbarung 2; 7

Der sechste Sinn, die Intuition, mit der ihr arbeitet, wird in Zukunft
ebenso natürlich sein wie die übrigen fünf Sinne. Mit Entfaltung der
Intuition erwachen das Herz- und Stirn-Chakra und schließlich das Scheitel-Chakra. Nur wenn sich der menschliche Geist auf den großen Geist
konzentriert und die Intuition selbstlos ist, kann sie nicht fehlgehen.

Es gibt Aufzeichnungen der Visionen von Heiligen. Ein bedeutendes
Beispiel ist die biblische Offenbarung. Diese Offenbarungen veranschaulichen das Wirken echter Intuition, das Sich-öffnen des Stirn-Chakras
und die Erhebung von Seele und Geist des Sehers, etwa des Johannes
von Patmos. Er wurde in den Himmel emporgehoben, und dort sah er,
was geschehen würde. Ohne eine Deutung seiner Vision war diese kaum
von Nutzen. Die Vision, das Sehen von Bildern allein, genügt nicht. Der
wahre Seher muss das Wissen erlangen, sie auslegen zu können.

Das bringt uns hinunter zum Leben und zu euren menschlichen Bindungen, denn es ist euer Leben, es sind eure zwischenmenschlichen Beziehungen, die euch nicht nur für die Seherschaft qualifizieren, sondern für das Verständnis, für die Deutung des Geschauten. Vielleicht werdet ihr in die höheren Welten erhoben und seht wundervolle Dinge; wenn es euch aber an dem geistigen Verständnis fehlt, bleiben sie nichts als leere Formen.

Wir haben die nächste Spirale auf dem Evolutionspfad erreicht, und der heutige Schüler beschäftigt sich nicht mit dem früheren monastischen oder asketischen Leben. Er oder sie ist aufgerufen, sich unter die Menschheit zu begeben; mit dem Licht der Ewigkeit zu verschmelzen und es in den Geist derjenigen zu senken, denen er begegnet. Dieses Licht muss hell in dem Schüler brennen, damit sein Einfluss Männer und Frauen heilt.

Wenn sich euer Herz-Chakra in Liebe und Freundschaft für alle Geschöpfe öffnet, beginnt es zu wachsen und sich auszudehnen und kann von einem Hellseher als ausstrahlendes Licht wahrgenommen werden. Liebe Gott, und dieses Licht wird zunehmen und heller werden. Die Kraft dieses Lichtes wird Wunder bewirken, Heilungen herbeiführen, und die ganze geistige Schönheit menschlichen Lebens offenbaren. Die Entfaltung eines solchen Sonnenlichts in eurem eigenen Sein befähigt euch, das so genannte Hellsehen oder die innere Schau zu entwickeln. Innere Schau bedeutet inneres Wissen. Das heißt, dann kennt ihr die Wahrheit, ihr erkennt die Liebe in euren Brüdern. Ihr versteht auch ihre Seelennöte. Wenn ihr das Licht nicht entwickelt habt, seid ihr oft taub und blind für die Bedürfnisse eurer Brüder und Schwestern und die Sehnsucht in ihren Herzen. Durch die innere Schau erkennt ihr in eurem Innern die Wahrheit, nicht nur in der Menschheit, sondern auch in den Schriften der großen Religionen. Ihr trefft genau auf den Kern. Ihr setzt euch mit allen Problemen unmittelbar auseinander, erkennt aber auch, wenn ein Bruder oder eine Schwester sich verletzt fühlt, und handelt und sprecht daher achtsam und gütig.

Meditation und Liebe schließen das Tor zum Königreich der himmlischen Mysterien auf. Aber die Meditation allein genügt nicht, sie muss begleitet werden von einer schlichten, liebevollen und sorgenden Lebensweise gegenüber allen Geschöpfen. Der Geist darf von der Herausforderung – wir wollen dieses Wort benutzen – der Herausforderung der Materie, des niederen Lebens, nicht berührt werden. Strebt danach, die Schönheit aufzunehmen und das Leben zu lieben. Lasst euer Herz immer in Einklang mit der unendlichen Liebe schwingen. Wenn ihr es versteht, in dieser Weise zu leben, dann lebt ihr eure Meditation. Ihr pflegt über diese Liebe zu meditieren, die das Licht ist, und diesem Licht zu folgen, bedeutet Freiheit von den Begrenzungen des Fleisches. So wirken die Meister ihre Wunder. Sie leben wie Heilige. Ihre Gedanken kreisen ständig um Gott, die Reinheit Gottes, die Liebe Gottes. Sie leben darin. Sie kommt zu ihnen und geht von ihnen aus. Durch die Entfaltung des inneren Lichtes werden sie erleuchtet – ein Licht, das nicht nur euer Herz schmücken kann, sondern eine Wirklichkeit ist, die das Fleisch durchdringt, das eure Seele umhüllt.

Das Licht soll die Materie durchleuchten, sie benutzen, beherrschen und verherrlichen. Wenn ihr alles unternehmt, um durch richtiges Denken, Sprechen und Handeln und eine richtige Lebensführung eure eigenen physischen Atome zu läutern und niemanden verurteilt, sondern euch selbst anseht, wenn ihr diese Regeln befolgt, dann wird sich euer Bewusstsein unmerklich heben, und ihr werdet ein ungeahntes Glück entdecken. Ihr werdet einen Frieden und eine Freude in eurem Herzen fühlen, die jenseits eures irdischen Fassungsvermögens liegen, und eine wohlwollende, gütige Kraft wird euch befähigen, alles Krumme gerade zu richten und die Gefängnistüren eures Lebens aufzustoßen.

## MIT DEN FEINSTOFFLICHEN KÖRPERN ARBEITEN

In jeder Seele ruhen geistige Kräfte und warten auf ihre Entdeckung, aber jede Seele muss zur höchsten Stufe geschult und entwickelt werden, damit die Welt, mit der sie in Berührung tritt, die himmlische ist. Im Laufe der Evolution gibt es verschiedene Entwicklungsperioden. Die erste ist die Entfaltung der seelischen Sinne. Dann wird diese Aufgabe beiseite gelegt und der Mentalkörper aufgebaut. Danach folgt die Periode geistiger Entwicklung und so fort. Im Laufe dieses Vorgangs wird allmählich das vollständige Wesen gebildet.

Ihr liebt es, wenn alles festgelegt ist. Ihr schafft eine Grundlage und baut dann ein Stockwerk nach dem anderen darauf. Aber in der Welt, die über der physischen liegt, geschehen die Dinge nicht ganz in dieser Weise. Versucht euch die langsame, allmähliche Seelenentwicklung und das wachsende Gottesbewusstsein des Geistes vorzustellen. In seiner ursprünglich reinen Essenz besitzt der Geist weder Selbst-Bewusstsein noch Gottes-Bewusstsein. Wenn er durch die Sphären hinabsteigt und sich in die Materie kleidet, trägt das auf diese Weise erschaffene individuelle Selbst in sich das Potenzial dieses Wissens, dieser Macht. Durch den irdischen Lebensprozess muss alles entfaltet werden. So besitzt jeder, egal wer er ist, innere Kräfte. Aber es gibt Abstufungen in den übersinnlichen und geistigen Gaben. Menschen, die der Natur nahestehen und zum Beispiel sehr mit den Elementarwesen verbunden sind, besitzen eine starke geistige Kraft. Ihr Ätherkörper beweist es.

Der Ätherkörper, der eng mit dem Nervensystem verbunden ist, umstrahlt die physische Hülle und durchdringt sie. Dann kommt der Astralkörper und jenseits davon die verschiedenen Ebenen des Mentalkörpers. Genauer gesagt, gibt es einen mehr irdischen Mentalkörper, der in enger Beziehung zum physischen steht, jenseits davon einen höheren, der wie ein zarter, haardünner Rand den physischen Körper umgibt und vom Scheitel eine Lichtlinie auszusenden scheint. Bei einem geistig einigermaßen entwickelten Individuum reicht diese Linie sehr weit hinauf. Oft kann man ihr Ende nicht erkennen. In einigen Fällen wird diese Lichtlinie von einer wunderschönen Form abgeschlossen, die der physischen ähnelt. Wir nennen sie das höhere Selbst, den Lichtkörper. Jeder besitzt einen solchen Körper, der sich im Laufe seiner Leben entwickelt (wir sprechen von den „Leben" nicht dem „Leben"). Dies ist der wirkliche Tempel des Geistes. In einer richtig und gut entwickelten Seele wird dieser Geistkörper immer schöner.

122

Es ist der mehr irdische, mit dem Nervensystem verbundene Ätherkörper, der die Verbindung zu den anderen Lebensebenen bildet.

Geht niemals nach außen, um geistige Menschen zu finden. Es mag seltsam klingen. Wendet euch immer nach innen, zu eurem Herzen. Nicht mit dem Gehirn, nicht mit dem Sonnengeflecht, sondern mit dem Herzen stellt ihr diese Verbindung her. Vom Solarplexus aus werden die Ebenen des Gefühls, der Emotionen und des Begehrens berührt; vom Kehlkopf- und Stirn-Chakra die Mentalebene; euer Herz reicht weit darüber hinaus, direkt zum Zentrum der Wahrheit. Aus diesem Grunde sind Mystiker oft bescheidene, hart arbeitende Männer und Frauen. Sie hatten weder die Zeit noch die Gelegenheit für große mentale Leistungen, aber sie liebten ihren Schöpfer, liebten alles Schöne und Sanfte, liebten die Natur und ehrten alle lebendigen Dinge. In dieser Weise berührten sie die Unendlichkeit und wurden eins mit dem höchsten Geist, dem Christus-Geist.

Nur weil jemand die Kraft besitzt, in die Astralebene zu blicken, bedeutet das nicht unbedingt, dass dieses Individuum geistig entwickelt ist. Bei dieser Art von Hellsichtig- und Hellhörigkeit wird der Solarplexus, ein Nervenzentrum, benutzt. Ihr erkennt dies an euren eigenen Reaktionen. Letztlich ist es der Solarplexus, in dem ihr Angst und Furcht verspürt. Ätherische oder astrale Gestalten zu sehen, weist nicht immer auf große Kenntnis und Fähigkeit hin, sondern auf ein besonders weit geöffnetes Sonnengeflecht. Dies ist an sich weder gut noch schlecht, doch ein Individuum in einem solchen Zustand ist in seltenen Fällen anfällig für Besessenheit, denn die Stimmen werden im Solarplexus gehört. Wenn Leute behaupten, über Hellhörigkeit zu verfügen, nehmen sie möglicherweise nur Schwingungen aus der Wunschwelt auf, der Ebene der niederen, nicht der höheren Emotionen. Solche Eindrücke können unangenehm sein. Wenn jemand nur manchmal etwas zu sehen vermag, kann seine Vision dem Auge des Solarplexus entspringen und ist nicht das Ergebnis der geschulten Hellsichtigkeit eines Menschen, der das höhere Dreieck der Chakras bewusst geöffnet hat. Mit anderen Worten, es handelt sich um ein Astralbild, das nicht beherrscht wird.

Wir möchten betonen, dass ihr den Kontrollschlüssel zu eurem Kraftwerk besitzt. Das ist es, was die Menschen nicht erkennen. Sie sehnen sich dermaßen danach, die andere Seite zu berühren, dass sie alles dafür tun würden. Sie stellen ihre Instrumente wie Radios auf verschiedene Sender ein und hören manchmal alle auf einmal. In einigen Teilen der Astralebene geht es sehr geräuschvoll zu! Wenn das Chakra für diesen besonderen Bereich offen steht und der Schalter angeknipst ist und das Individuum ihn nicht zu bedienen versteht, kann ein schreckliches Geschwätz durchkommen, was zu einer geistigen Störung oder einem Nervenzusammenbruch führen kann.

Der Hauptschlüssel, den ihr in euch tragt, ist der Christus oder die geistige Kraft des göttlichen Willens, die in jedem ruht. Solltet ihr jemals in dieser Weise beunruhigt sein, denkt daran: Lasst das ICH BIN die Herrschaft übernehmen. Selbst dieser Ausspruch kann irreführend sein, weil viele ihre eigenen Wünsche, ihre niedere Natur, für das ICH BIN, für den inneren Christus, halten. Der Christus im Innern erhebt sich und ergreift Besitz von dem Tempel. Ihr seid der Tempel des Christus, und Christus befiehlt den Geldwechslern und den Schwätzern, den Tempel zu verlassen. (Joh. 2; 14-15)

## MEDITATION ALS WEG
## ZUR GEISTIGEN ENTFALTUNG

Wir bemühen uns, der Menschheit Schritt für Schritt zu der Erkenntnis zu verhelfen, dass das geistige Leben das irdische durchdringt und es kein „hier" und „dort drüben" gibt, wie ihr es euch zum Teil vorstellt. Es gibt keine unüberwindbare Schranke zwischen Materie und Geist, sondern eine Durchdringung; und bald kommt die Zeit, in der alle von der magischen, geheimnisvollen Kraft des Geistes berührt werden. Bis zu einem gewissen Ausmaß geschieht dies jetzt schon. Die erste Stufe ist bereits erklommen. Die ganze Welt durchläuft eine Einweihung – eine Erhebung und Ausdehnung des Bewusstseins.

Es sollte euch zur Gewohnheit werden, das Leben nicht zu verträumen, sondern euch stets des göttlichen Willens und der göttlichen Gegenwart in eurem Herzen bewusst zu sein. Es ist einfacher, diese Gegenwart zu erkennen, wenn ihr euch darin übt, den Geist zu beruhigen, die Emotionen zu beherrschen und weise zu steuern, sie nicht zu unterdrücken, sondern sie auf eine höhere Ebene der Liebe, des Dienens und der Güte zu erheben.

Lasst uns einen Augenblick bei der Güte verweilen. Da ihr über einige geistige Erkenntnisse verfügt, könnt ihr sicher gehen, eure Worte wohl abzuwägen? Beachtet ihr die Gefühle eurer Brüder und Schwestern, wenn ihr sprecht und handelt, nicht nur in den großen Dingen des Lebens, sondern auch in der täglichen Unterhaltung? Güte muss spontan sein; Güte muss die Lippen beherrschen, und der Gedanke: „Wird es verletzen?" sollte stets an erster Stelle stehen. Wir können grausam sein, ohne es zu wissen, ohne es zu wollen. Jesus bezeichnete Grausamkeit als große Sünde. Wenn wir in kleinen Dingen grausam sind, können wir uns da über die Boshaftigkeit und Grausamkeit der äußeren Welt wundern?

Ihr seht die Bedeutung der täglichen Meditation, der Vorbereitung auf den Tag. Es geht darum, zuerst zu denken, bevor ihr sprecht und handelt. Ihr erkennt so, wie wichtig es ist, das Temperament und die Emotionen zu beherrschen. Dies ist der Weg, meine Brüder, die Kräfte des Hellsehens und Hellhörens zu entwickeln. Dann wird die Kraft im Solarplexus beherrscht. Sie wird im Herzen, im Kehlkopf und im Kopf angeregt. Sie wird durch den göttlichen Willen gelenkt – und ihr müsst mit aller Kraft Gottes in euch an der Liebe und den Eigenschaften des Christus-Geistes festhalten. Dann werdet ihr nicht getäuscht werden; dann wird euer Sehen und Hören genau sein. Euer sechster Sinn ist im Wachstum begriffen, und zur gegebenen Zeit wird sich sogar ein siebter Sinn entwickeln. Jetzt verfügt ihr über fünf Sinne, die eure Seele mit der physischen Ebene verbinden. Der sechste Sinn ist der erste, der euren Geist mit der physischen Ebene verbindet. Dies sollt ihr in eurer Entwicklung anstreben, die mit der Meditation beginnen muss.

Der menschliche Körper kann mit einem Tempel verglichen werden. In diesem Tempel befindet sich ein Altar, auf dem eine strahlend helle Flamme brennt. Geht in eurer Meditation zu diesem Altar und versucht es euch vorzustellen. Neigt euer Haupt vor der Altarflamme in eurem eigenen Tempel. Ihr selbst erschafft diesen strahlend goldenen Altar und das Licht darauf. Er ist Wirklichkeit, denn er wird durch euch hervorgebracht und erhebt sich in euch; und so nehmt ihr ihn in Form eines Lichtaltars wahr. Ihr bildet es euch nicht ein; er ist das, was ihr im Grunde genommen durch euer Streben, euren Willen, die Konzentration und Ausrichtung eurer Gedanken erschafft. Die Flamme, die ihr auf dem Altar seht, mag die Gestalt einer Rose annehmen, in deren Mitte ein strahlender Edelstein aus Licht leuchtet. Wenn ihr dieses Bild in eurer Meditation seht, denkt daran, dass ihr in euer eigenes Herz-Chakra blickt. Oder wenn ihr eine vielblättrige Lotosblume seht, erblickt ihr noch ein anderes eurer Chakras. Sobald ihr betet und meditiert, wenn ihr andächtig niederkniet, wird das Licht in den Chakras eures Wesens belebt, die sich dann wie eine Lotosblume öffnen.

## CHAKRAS
## UND PLANETARISCHE SCHWINGUNGEN

In der physischen Welt, im physischen Körper, bringt sich das tiefe Geheimnis des Universums zum Ausdruck. Während ihr in einem irdischen Körper lebt, betrachtet ihr diesen gewöhnlich für ausreichend. Ihr findet es schwierig, euch von ihm zu lösen. Er ist schließlich das Medium, durch das ihr mit den verschiedenen Lebenserfahrungen in Verbindung tretet, den angenehmen und unangenehmen, die Kummer oder Glück, Leid oder Freude mit sich bringen. Durch den irdischen Körper nehmt ihr physischen Schmerz ebenso wie emotionales Leid und viele andere Einflüsse wahr.

In den Mysterienschulen musste der Neophyt oder Schüler als erstes den menschlichen Körper studieren. In den inneren Tempeln dieser Schulen gab es Bilder und Modelle, auf denen jeder Körperteil einem bestimmten Tierkreiszeichen zugeordnet war. Das astrologische und astronomische Wissen der weisen Lehrer und Priester ermöglichten es dem Neophyten, sein Verständnis und sein Bewusstsein zu erweitern, um auf die Universalkräfte, die auf ihn oder sie gerichtet waren, zu reagieren. Aufgrund seiner Kenntnis von den astrologischen Einflüssen, die auf die verschiedenen Körperteile einwirkten, erlangte der Schüler ein Verständnis für wahre Heilung. Er erkannte, dass sich solche Einflüsse auf sein eigenes Leben auswirkten und das Bewusstsein entwickelten – den zweiten Seinsaspekt – und eine Welt eröffneten, die bei den Ägyptern manchmal als „Unterwelt" beschrieben wurde, obwohl wir hier den Begriff „Seelenwelt" benutzen wollen.

Durch die über den physischen Körper hergestellte Verbindung mit der Materie erlangt die Seele den Aspekt ihrer Natur, der die Macht repräsentiert. Im Laufe zahlreicher Inkarnationen lernt sie, die schöpferische Lebenskraft zu empfangen und zu gebrauchen, und nur durch solche Erdinkarnationen wächst diese göttliche Schöpferkraft in ihr.

Der Schüler wurde nicht nur über die Einflussnahme des Tierkreises auf die Seelenentwicklung unterrichtet, sondern auch über die sieben heiligen Zentren im physischen Körper, unter denen die endokrinen Drüsen verborgen liegen. Er lernte ebenfalls, dass jedes Chakra mit einem der sieben Planeten verbunden ist oder eine Beziehung zu ihnen besteht. So reagierte der Schüler während seines irdischen Lebens sowohl auf die planetarischen Einflüsse als auch auf die des Tierkreiszeichens. Beide wirken sich auf die Seelenentwicklung zum Zwecke ihrer Vervollkommnung aus.

Wenn ein Individuum erwacht ist, wenn er oder sie gelernt hat, das innere Feuer (oder die schöpferische Kraft) freizusetzen und es durch die Wirbelsäule zum Scheitel-Chakra hinaufzuführen, ist es so, als ob die Sonne des Lebens von den Toten aufersteht. Es führen sieben Stufen zur Krone (oder zum Berggipfel), die auf der Wirbelsäule liegt. Jedes dieser sieben heiligen Zentren im menschlichen Körper steht in Beziehung zu einem der sieben Planeten. Im Laufe der sieben Inkarnationen, die einen Zyklus bilden, überwiegt in jeder Inkarnation der Einfluss eines Planeten. Jeder Planet wirkt sich auf eines der sieben Chakras im menschlichen Körper aus, und am Ende dieser sieben Inkarnationen erreichen wir einen bestimmten Punkt auf der Evolutionsspirale.

Der Strahl oder die Farbe, auf der ihr in diesem Zyklus voranschreitet, gehört nicht unbedingt zu dem Planeten, unter dem ihr geboren wurdet. Die Seele wandert innerhalb einer Periode von Jahren, je nach Entwicklung der höheren Körper oder Träger, unter einem bestimmten Strahl und gerät während dieser Zeit unter andere Einflüsse und Schwingungen. Falls einer der feinstofflichen Körper, die ihr gestaltet, irgendeiner bestimmten Schwingung bedarf, kommt ihr im Laufe des Prozesses in den Einflussbereich eines speziellen Strahls. Arbeitet ihr an einem Körper, der eine andere Schwingung erfordert, wäre wieder ein anderer Strahl zuständig. Vielleicht lebt ihr mehrere Inkarnationen unter einer bestimmten Farbe, während ihr den einen Träger entwickelt. Seid ihr dann bereit, einen höheren Träger zu entwickeln, werdet ihr unter einer anderen Schwingung oder Farbe stehen.

Wir verbinden das Scheitel-Chakra – die Hypophyse und die Zirbeldrüse – mit Uranus und Neptun, mit den Einflüssen der feinen und mystischen Kräfte. Im Scheitel-Chakra wird das innere Schauen entwickelt. Uranus steht in Beziehung zum neuen Zeitalter, dem Zeitalter der Bruderschaft, und Neptun für die Einflüsse aus den höheren Ebenen.

Wenn das Rot des Mars und der niederen Zentren (der Genitalien) und das machtvolle Blau des Kundalini-Zentrums (regiert durch den Mond) erhoben werden, werdet ihr eine Umwandlung dieser Farben von den niederen zu den höheren Zentren beobachten, in denen wir das Indigo und das Violett finden. In ihrer reinsten und höchsten Form sind der indigo-farbene und der violette Strahl die Farben von Uranus und Neptun. Beide Farben sind mit dem Scheitel-Chakra verbunden. Die beiden Planeten Uranus und Neptun sind von euren modernen Astronomen durch die Kraft des Geistes entdeckt worden. Man hat sie jetzt entdeckt, weil sie die Menschheit in besonderer Weise beeinflussen (und ihr Einfluss wird im Laufe der Zeit noch zunehmen), da sie die Umwandlung vom niederen zum höheren Dreieck bewirken. Interessanterweise beeinflussen Uranus und Neptun das Scheitel-Chakra. Die ausgleichende grüne Farbe des Solarplexus bildet sozusagen die Zwischenstufe zwischen den niederen und höheren Zentren – das Tor, durch das die Farben oder Kräfte hindurchgehen müssen, um in diesem höheren Dreieck zu wirken.

Merkur verbinden wir mit dem Kehlkopfzentrum. Merkur, der Planet der Luftzeichen, beeinflusst den Ätherkörper. Das Kehlkopf-Chakra beherrscht den Ätherkörper oder besitzt zumindest einen gewaltigen Einfluss auf ihn. Durch eine direkte Verbindung zu diesem Zentrum könnt ihr die gesamte Aura säubern. Durch das Kehlkopf-Chakra beherrscht Merkur das Nervensystem und den Ätherkörper.

Gelb deutet auf Merkur, aber wir verbinden Merkur auch mit der Farbe Grün. Es ist schwierig zu bestimmen, wo gelb aufhört und grün anfängt. Grün und gelb ordnen wir dem Kehlkopf-Chakra zu. Es ist ein wunderschönes Apfel- oder Mittelgrün. In diesem Zentrum besitzt es eine reinigende und harmonisierende Wirkung auf den ätherischen, astralen und die unsichtbaren Körper. Gelb regt den höheren Verstand an und den reinen Intellekt. Es weckt die Weisheit, da das Gelb im Kehlkopf-Chakra das höhere Selbst der Person erreicht. Das durch dieses Gelb angeregte höhere Selbst spricht zu dem niederen Selbst: „Sei nicht töricht und halte an dem Unsinn fest; lasse ihn gehen!" Mit der Zeit gehorcht das niedere Selbst zögernd.

Venus verbinden wir mit dem Herz-Chakra. Es heißt, dass der physische Träger, den der Christus jetzt bei seiner Arbeit für die Menschheit benutzt, der Planet Venus ist. Venus steht immer in Verbindung mit der Farbe Rosa, der Farbe der Liebe. Doch wir werden euch überraschen. Der mentale Aspekt tritt ebenfalls in die Schwingung der Venus ein, und damit wir schließen den gelben Strahl mit ein.

Jupiter verknüpfen wir mit dem Solarplexus. Die Wahrnehmung der

Emotionen liegt im Sonnengeflecht, und wir verbinden Jupiter mit der Emotionalebene. Der Indigo-Strahl wird Jupiter zugeordnet, aber nicht nur Jupiter allein. Jupiter besitzt einen religiösen Einfluss und schenkt dem Leben Schönheit in vielen Formen. Wir verbinden Indigo mit dem Solarplexus; manchmal nehmen wir als Heilungsstrahl Blau für den Solarplexus, denn auch diese Farbe wirkt ausgleichend. Jupiter bringt Harmonie und religiöses Streben, weshalb Indigo Blau und Grün enthält. Wir ordnen Indigo ebenfalls dem Kopf zu.

Saturn steht mit der Milz in Verbindung. Die Milz ist das Tor, der Eingang für das Licht, die Sonnenkräfte, in den Ätherkörper. Saturn ist der Planet der Regeneration, der Planet, der das Licht veranlasst, in die Dunkelheit des irdischen Daseins zu treten.

Grün – eine wunderschöne Farbe, die zwischen blau und gelb liegt – ist eine Hauptfarbe. Sie wirkt ausgleichend und wird umfassend eingesetzt in Verbindung mit Blau bei der Heilung auf astraler Ebene. Habt ihr nicht von den neugeborenen Seelen gehört, die auf einer Grasfläche erwachen? Stellt euch den genauen Farbton vor; es ist ein klares, strahlendes Grün, das eine kräftigende und gleichzeitig harmonisierende Wirkung besitzt. Dieses Grün ordnen wir Saturn zu (was aber nicht die einzige Farbe ist).

Der Planet Saturn besitzt eine ausgleichende und harmonisierende Wirkung. Manche von euch mögen anders denken! Dann haltet einen Moment inne, denn Saturn ist gewöhnlich die große Schranke zwischen den niederen und den höheren Welten. Wenn sie das Tor des Saturn passieren kann, ist es der Seele möglich, zu den höheren Bewusstseinsreichen voranzuschreiten, die durch das reine Blau – die geistige Kraft – charakterisiert sind und durch das Indigo, das auf den strebenden oder andächtigen Geist hinweist. Der Pfad führt dann weiter zum violetten Strahl, zur Anerkennung der gesamten geistigen Kräfte des vollendeten Wesens.

Mars verbinden wir mit den Fortpflanzungsorganen an der Wirbelsäulenbasis, denn Mars herrscht über die schöpferische Kraft, die Lebenskraft im menschlichen Körper. Der Mond steht in Beziehung zu den niederen Zeugungsorganen und dem Lebenszentrum in der Wirbelsäule; und die Sonne ist mit der Spitze des Dreiecks, dem Kopf, verbunden.

Der Angelpunkt aller Zentren in einer entwickelten Person ist das Herz, das der Sonne des Universums gleicht. Das Herz-Chakra atmet ein und aus. Es nimmt das Sonnenlicht auf. Wie die physische Sonne das Leben im Körper erhält, erhalten das geistige Licht und die Wärme hinter dieser Sonne das geistige Leben im Menschen.

Stellt euch diese Farben sehr klar, hell und rein vor. In ihrem Zentrum liegt ein weißer Stern, der die Verschmelzung aller Farben in einen weißen Strahl, der auf das große Licht hinweist, versinnbildlicht. Das große weiße Licht ist der erste Strahl, den ihr benutzt, da er Harmonie schenkt. Das weiße Licht übertrifft alles andere; es enthält alle sieben Farben oder Strahlen, auf denen sich die Menschheit auf der irdischen Ebene entwickelt.[*]


ERLEUCHTUNG

Das Gehirn ist der Träger, durch den sich das Seelenbewusstsein ausdrückt, und es gibt einen Teil des Gehirns, das Kleinhirn, in dem die Seele „residiert" – das Zentrum des Seelenbewusstseins. Vor diesem Gehirnabschnitt liegt die geheimnisvolle Hypophyse, die eine höchst wichtige Arbeit zu verrichten hat. Sie ist das „Auge", das die Schwingungen der nächsten Stufe, der Ätherebene, empfängt. Das physische Auge nimmt nur die physischen Lichtschwingungen auf. Die Hypophyse spiegelt das ätherische Licht wider. Wenn ihr euch darauf konzentriert, werdet ihr zuerst Licht und dann Farbe wahrnehmen. Durch dieses Zentrum und die Zirbeldrüse bleibt das Seelenbewusstsein erhalten.

Die hinter und zwischen den Augen liegende Hypophyse ist mit der Zirbeldrüse verknüpft. Diese beiden Drüsen gehören zu den feinstofflichen Zentren des Ätherkörpers und werden im Laufe der Entwick-

---

[*]Näheres zu diesem Thema und über die Farben findet sich im *"White Eagle Chakra-Buch"*.

lung zusammentreffen. Danach folgt die Entwicklung des Scheitel-Chakras, bis alle Kopfzentren völlig erwacht sind und das Seelenbewusstsein vollkommen entfaltet ist. Mit dem Wachstum und der Entwicklung des Seelenbewusstseins werden auch die niederen Zentren beherrscht und vereinigen sich mit den höheren, mit Herz-, Kehlkopf- und Scheitel-Chakra.

Die Krönung unseres Meisters Jesus mit der Dornenkrone ist ein Beispiel dafür (Matthäus 27; 29). Die Dornenkrone wurde ihm in den Kopf gedrückt, in dem sich jene heiligen Zentren befinden. Die Vereinigung dieser beiden Zentren geistiger Kraft – der Hypophyse und der Zirbeldrüse – führt zur Erleuchtung oder Neugeburt. Diese kann nicht ohne die Kreuzigung des niederen Selbst, des Körpers, oder ohne die sich daraus ergebende Geburt oder Himmelfahrt des Christus eintreten – wofür das heilige Scheitel-Chakra steht. Auf diese Weise wird die Erleuchtung beschleunigt.

Die stufenweise Entwicklung, die Beherrschung und Nutzung der feinstofflichen Zentren, werden diese Erleuchtung und ein vollkommenes Seelenbewusstsein herbeiführen – die „Vermählung" oder Vereinigung zwischen Seele und Geist. Die Seele vertritt den weiblichen Aspekt und der göttliche Geist den männlichen. Die vollendete Vereinigung ist die Vermählung dieser beiden oder die Verschmelzung des höheren Dreiecks von Herz-, Kehlkopf- und Scheitel-Chakra mit den Zentren des niederen Dreiecks. Dadurch entsteht das vollkommene Gotteskind, der vollkommene Mensch.

Die Hypophyse und die Zirbeldrüse sind beide eng mit der Schöpferkraft an der Wirbelsäulenbasis verbunden. Bevor eine vollkommene Erleuchtung eintreten kann, die vollkommene Geburt des Christus in jedem Individuum, muss der schöpferische Drang des niederen Zentrums seine Kraft dem Kopf, dem „Berggipfel", unterordnen. Dann wird die Dornenkrone in einen goldenen Reif verwandelt. Sie wird zur Juwelenkrone, die der Seele Souveränität verleiht und alles vollendet.

In jeder Gruppe, die für die Bruderschaft allen Lebens arbeitet, werdet ihr, die ihr daran teilnehmt, und der Ort, an dem ihr euch trefft, eingestimmt. Ihr stimmt eine Note an, so dass die Kräfte der höheren Welten zu diesem Punkt, zu dieser Menschengruppe gelenkt werden können. Durch diese Gruppen erklingt nicht nur auf der Erde, sondern auch auf der Astralebene ein Ton, der nicht nur die Menschen auf der Erde beeinflusst, sondern auch diejenigen, die auf ihre Inkarnation warten, die auf ihrem Weg zur Wiedergeburt durch die Astralebene hinabsteigen. Obwohl ihr euch wenig bedeutungsvoll fühlt, werden die feineren Schwingungen und Atome in euren höheren Trägern eingestimmt, um den Engel-Hierarchien bei ihrer Arbeit für die Zukunft zu helfen.

In der White Eagle Gemeinschaft arbeiten wir auf einem bestimmten Strahl, um uns gegenseitig zu helfen, sich über die Begrenzungen des sterblichen Lebens zu erheben. Kaum wahrnehmbar, gelingt es uns allen Schritt für Schritt, was sich vielleicht nur in der Atmosphäre zeigt, die als liebevoll empfunden wird – denn die einzige Grundlage, die göttlichen Schöpferkräfte aufzubauen, sind Hingabe und Liebe.

Und so wächst im täglichen Leben bei jeder menschlichen Begegnung ein Geist der Liebenswürdigkeit, starken Zuneigung und Liebe. Der Schüler spürt den Geist der Hinwendung und Hingabe an den Meister, an Christus. Liebe, Güte, Höflichkeit, unermüdlicher Einsatz für das Gute und Hilfsbereitschaft (auch wenn nicht ausdrücklich um Hilfe gebeten wurde, sie aber vonnöten ist) – durch diese Einstellung öffnet sich das Herz-Chakra, und das Licht strömt aus dem Herzen. Es kommt sozusagen ein Licht von innen heraus, leuchtet durch die Augen und strahlt vom physischen Körper aus. Die Strahlen strömen im Individuum nach unten, nach oben und hinaus. Nach unten fließend, regen sie das Nervenzentrum an der Wirbelsäulenbasis an. Das Licht aus dem Herzen erweckt und erhebt die Schlangenkraft, die Schöpferkraft, den Mutteraspekt der Gottheit; und während diese Kraft aufsteigt, belebt sie nach und nach die übrigen Körperzentren.

Die einzig sichere Methode, das Schlangenfeuer zu erheben, ist die Belebung des Strahls der reinen Liebe oder des Herz-Zentrums. Bemüht euch nicht, zuerst an den niederen Chakras zu arbeiten, sondern arbeitet ausschließlich aus dem Herzen. Liebe und Weisheit zu leben, weckt allmählich die Schlangenkraft, und dann steigt diese Kraft durch die Hingabe an das Christuslicht zum Solarplexus, zum Herzen und zur Kehle auf und führt schließlich zu einer Erleuchtung, die das Christus- oder kosmische Bewusstsein genannt wird. Aber zuerst muss die Grundlage im täglichen Leben durch die allgemeine Einstellung dem gesamten Leben gegenüber geschaffen werden. Sie muss positiv und kreativ sein; sie muss stets das Gute aus dem so genannten Übel und der Dunkelheit entstehen sehen. Das ist die Grundlage, und dann kann die Meditation weitere Hilfe bieten.

Wenn sich die Kundalini im Herzen konzentriert und die Person spontan aus diesem Zentrum der Liebe heraus handelt, dann können wir wohl sagen, dass die Kundalini-Kraft in den Christus-Geist aufgenommen und durch ihn manifestiert und zum Erlöser des Mannes oder der Frau anstatt zum Zerstörer wird.

Die im Herzen aufsteigende Kraft der Liebe ist die Christus-Energie, durch die die Kundalini erlösend und nicht zerstörend wirkt. Daher sind die ersten Zeichen des aufsteigenden Kundalini-Feuers geistige Gelassenheit, die Beherrschung von Sprache und Gedanken; allgemeine Beherrschung und Ausgeglichenheit im Leben sowie ein Empfinden großer Macht. Wenn diese Macht beherrscht und vom Schüler als die Macht der Liebe und Güte anerkannt wird, eine Macht, die zum Wohl aller und nicht für persönlichen Aufstieg genutzt werden soll, dann wissen wir, dass sich das göttliche Feuer erhebt und im Individuum wirksam ist.

Zum Abschluss möchten wir die Bedeutung des "Lebensbaumes" und des "Baumes der Erkenntnis von Gut und Böse" ansprechen. Stellt euch den menschlichen Körper vor. Seht ihr, dass jeder von euch den "Baum der Erkenntnis" in sich trägt? Die Wirbelsäule kann mit dem Rumpf verglichen werden; und die beiden Lebensaspekte – Positiv und Negativ, Gut und Böse – erheben sich aus den Wurzeln der Wirbelsäule, erblühen auf dem Kopf und tragen Früchte. Im Kreislaufsystem des Körpers könnt ihr einen echten Lebensbaum sehen, seinen Stamm, seine Zweige und sein verflochtenes Netzwerk. Das Individuum trägt den Baum der Erkenntnis von Gut und Böse und den Lebensbaum in sich. Darin liegen die Möglichkeiten jedes Menschen, vom Tierwesen zum Gottwesen zu werden und zur höchsten Ebene aufzusteigen – dem Menschenbaum. Er ist der schönste von allen, unter dessen weit ausladenden Zweigen des Mitgefühls und des Verständnisses die Menschheit Zuflucht findet und seine Früchte der Liebe und Weisheit kosten kann.

# XII

# DER ADLER DES JOHANNES UND DER STRAHL DER BRUDERSCHAFT

*Ich bin als Licht in die Welt gekommen, damit jeder, der an mich glaubt, nicht in der Finsternis bleibt.*
Joh. 12, 46

*Und die Blätter der Bäume dienen zur Heilung der Völker.*
Offenbarung 22, 2

Manchmal greifen wir in unserer Lehre auf das antike Ägypten zurück. Das hat seinen Grund. Das Zeitalter der alten ägyptischen Religion war das Zeitalter des Stiers. Im Tierkreiszeichen steht der Stier dem Skorpion gegenüber. Im höheren Sinne ist der Skorpion das Zeichen des Adlers – und wie ihr bemerkt habt, benutzen wir den Namen „Weißer Adler".

Wir möchten euch zu verstehen geben, dass „Weißer Adler" nicht bloß der Name einer Wesenheit ist. "Weißer Adler" ist ein Zeichen, ein Einfluss, ein Strahl, eine Gruppe; es ist ein Aspekt, vielleicht einer höheren Spirale des Skorpions. Die Beziehung der heutigen Zeit zu dem Adler (oder Skorpion) und dem Stier-Zeitalter Ägyptens hat mit Gruppenarbeit zu tun. Denn gegenwärtig wird der Erde die uralte Weisheit zurückgebracht, die in Ägypten zum Zwecke der Heilung und zum Bauen praktiziert und eingesetzt wurde. Stiere sind Erbauer, die Erbauer dieses großen Zeitalters.

Wir stehen jetzt genau am Beginn des Wassermann-Zeitalters – des Zeitalters des Menschen, des Wassers, des Geistes und der Bruderschaft. Hinzu kommt die Einwirkung des gegenüberstehenden Löwen, denn

137

alle Zeitalter werden von ihren Gegensätzen beeinflusst. Der von der Sonne regierte Löwe bringt der Menschheit Stärke und eine große Kraft.

Alle diese Zeichen – Skorpion, Stier, Löwe und Wassermann – sind feste Zeichen. Die vier festen Zeichen bilden die Basis der Pyramide, und die Pyramide ist das große, uralte Symbol für das gesamte Leben der Welt. Hier habt ihr die Geschichte dieses auf dem Quadrat errichteten Lebenszyklus; und dazu die Sphinx, das unsterbliche Symbol für den Eintritt in den Tempel. Durch die Sphinx oder die große Einweihung werden Männer und Frauen in den erhabenen Sonnentempel – die Pyramide – eintreten.

Der "Weiße Adler" stellt den Skorpion in seinen höchsten Aspekten dar. Zu bestimmten Zeiten ihres kosmischen Lebens – deren Länge unmöglich bestimmt werden kann – steht die Seele unter dem Einfluss des Skorpion-Zeichens. Diese Perioden sind eine besondere Gelegenheit zur geistigen Entwicklung, die es dem göttlichen Geist im Individuum ermöglicht, sich von der Erde zu lösen. Die Alten meinten, eine Einweihung fände nur dann statt, wenn sich die Seele unter dem mächtigen Einfluss des Skorpions befinde oder wenn sie auf den himmlischen Strom des Lebensbewusstseins anspreche, der auch der "weiße Adler des Johannes" genannt wird.

Wir wollen uns nun wieder der Verbindung zuwenden, die zwischen dem Adler und Johannes, dem geliebten Jünger, besteht. Bevor die Christenkirche gegründet wurde, kannten und verstanden die Priester und Weisen der uralten Weisheit die beiden Symbole der göttlichen Offenbarung – Jesus und Johannes. Beide repräsentieren einen Strahl, einen Lebensstrom, einen Aspekt des göttlichen Lebens, der die Menschheit durchdringt. Nach unserer Lehre sind Phönix und Adler gleichbedeutend. Der Phönix verkörpert den Eingeweihten oder denjenigen, der das niedere Selbst abtötet, um im höheren Selbst oder Geist wiedergeboren zu werden; und der Adler steht für das Wort Gottes, das vom Himmel herabsteigt und Fleisch wird. Das göttliche Wort ruht im Innersten jedes Sohnes und jeder Tochter Gottes.

Johannes selbst stand unter dem Sternzeichen des Skorpions – des Lehrers der inneren Mysterien. Er verkörpert die zeitlose Weisheit und entzieht sich eurem gegenwärtigen menschlichen Verständnis. In der Offenbarung enthüllte er die geistige Macht, die allen Gotteskindern zu eigen ist. Wir wagen zu behaupten, dass zu bestimmten Zeiten in dieser Loge (gemeint ist die White Eagle Loge) der Lichtstrahl aus derselben Quelle zugegen ist, die Johannes inspirierte, als er die Zukunft des Menschengeschlechts erblickte. Das gleichseitige Kreuz inmitten des Kreises ist ebenfalls ein uraltes Weisheitssymbol und bedeutet die Hingabe des Selbst in den Kreis ewiger Liebe, die allein wahre Weisheit bringt. Der Stern verkörpert die Christus-Liebe. Das Kreuz inmitten des Kreises, der Stern in seinem Zentrum, stellt die Vereinigung von Weisheit und Liebe dar, was die Menschheit in diesem neuen Zeitalter – dem Wassermann-Zeitalter – verwirklichen muss.

## GELEBTE BRUDERSCHAFT

Obwohl jeder von euch seinen eigenen einsamen Weg gehen muss, seid ihr niemals allein. Ein Widerspruch! Jeder von euch ist allein und besitzt seine persönliche Entwicklungs- und Einweihungslinie, dennoch lebt ihr in einer Gemeinschaft oder Bruderschaft, durch die ihr alle, die euch das Leben zusammengeführt hat, an der Kraft und dem Licht teilhabt, die eure Seelen gemeinsam dorthin zogen. Diese kollektiven Einweihungen werden von den Kräften der Planeten und des Tierkreises regiert und beeinflusst. Früher oder später erkennt die Seele die ganze Gruppe. Bis dahin scheint sie alleine zu wandern, zumindest in ihrem eigenen Bewusstsein. Plötzlich kommt der Augenblick, in dem sich der Einzelne seiner Verbundenheit mit der Gruppe bewusst wird. Dies ist von großer Bedeutung. Das Karma des jeweiligen Individuums führt die Gruppe zusammen. Die Mitglieder begegnen sich nicht nur einmal, sondern während zahlreicher Leben. Aus diesem Grunde habt ihr uns sagen gehört, dass viele von euch in einer Gruppe oder Bruderschaft vergleichbar mit dieser Gemeinschaft zusammen gewesen sind. Vielleicht vergesst ihr es; aber die stille Stimme, die ihr durch aufeinanderfolgende Einweihungen zu hören lernt, wird euch zuflüstern: „Ja, ich erinnere mich, ich weiß; ich erinnere mich nicht ganz genau, aber ich habe ein Gefühl." Wie wertvoll diese Gefühle doch sind! Die Engel unterstützen die menschliche Evolution durch das Fühlen. Dann fühlt ihr, dass ihr eurem Bruder oder eurer Schwester zuvor begegnet seid; dass ihr euch in einer vertrauten Umgebung befindet. Es ist verschwommen; ihr versteht nicht. So viele Menschen betreten einen Ort wie diese Loge und sagen: „Ich habe das Gefühl, ich bin zu Hause." Für den Verstand bedeutet es Einbildung, aber das wahre Selbst erinnert sich – vielleicht an eine ägyptische Inkarnation oder ein Leben auf Atlantis. An ein Leben vor vielen, vielen Jahrhunderten. Sie haben gesucht und gesucht. Wonach? Nach der Gemeinschaft einer wirklich spirituellen Gruppe.

Der Strahl der Wahrheit und des Lichtes, durch den Johannes sein Buch der Offenbarung empfing, wurde vom Thron Gottes auf die Erde gelenkt und ist derselbe Strahl, der euch als Individuen auf den Pfad der Brüderlichkeit ruft. Alle Seelen, die sich auf die Einweihung vorbereiten, müssen deshalb die Bedürfnisse ihrer Brüder und Schwestern erkennen und sich des Weges bewusst werden, auf dem die Gruppenseele zusammenarbeitet. Wenn die Einweihung das Bewusstsein des Kandidaten erweitert und die Seele befähigt, ihre eigene Gruppe zu erkennen, lebt sie nicht mehr um ihrer selbst willen, nicht mehr für sich, sondern erkennt, dass jeder Gedanke, jede Handlung nicht nur sie allein betrifft, sondern alle Gruppenmitglieder entweder inspiriert, unterstützt, verletzt oder erniedrigt. Die Verantwortung wird sehr groß. Der Kandidat ist sozusagen nicht mehr frei. Er ist eigentlich niemals frei gewesen, er glaubte es nur zu sein und nahm an, dass sein Handeln auf ihn allein zurückfallen würde. Jetzt ist die Seele nicht mehr frei, denn sie weiß, dass sie einen Bruder oder eine Schwester nicht verletzen kann, ohne dass es sich auf die ganze Gruppe auswirkt, sie selbst mit eingeschlossen. Niemand kann für sich alleine handeln. Man mag sich seiner Absonderung rühmen, aber es ist unmöglich, einen anderen zu verletzen, ohne das Selbst zu verletzen. Der Punkt, den wir euch zu vermitteln suchen, ist der, dass die Seele eine sehr viel größere Verantwortung trägt, sobald sie sich durch die Einweihung der Gruppe bewusst geworden ist.

In der atlantischen Periode wurde die Einweihung eingeführt. Nachdem sich die Menschheit für den Pfad des freien Willens entschieden hatte, richteten die erhabenen Wesenheiten dieses Einweihungssystem ein. Es ist sehr erfolgreich gewesen. Zu bestimmten Zeiten in der Menschen-Evolution ist eine Kraft ausgegossen worden und große Lehrer traten auf, um die Menschheit auf die Einweihung vorzubereiten. Der vor nicht allzu langer Zeit erschienene Weltlehrer war Jesus von Nazareth. Seit der Ausgießung des Lebens Jesu bereitet sich die Menschheit auf eine erneute Bewusstseinserweiterung vor. Es ist kaum vorstellbar, dass es Leute gibt, die so blind, so töricht, so schwerfällig sind, dass sie selbst nach der Taufe der Erde durch die Offenbarung Jesu Christi Inkarnation um Inkarnation in der Dunkelheit verbringen, aber so ist es. Vor der nächsten Manifestation wird der Geist belebt, viele eingeweiht und die Binde weggerissen werden, die dem Individuum so lange Zeit die Augen verbunden hat.

Zur Zeit unterzieht ihr euch den Vorbereitungen für diese Welt-Einweihung, und es wird einen großen Schritt vorwärts geben in Bezug auf Bruderschaft und Wohlwollen. Das Wissen über die sieben Strahlen, auf denen sich die Menschheit entwickelt, wird zunehmen. Wenn ihr die Auswirkungen der sieben Strahlen geistiger Aktivität auf der Erde betrachtet, erkennt ihr, dass auf jedem Fortschritte zu verzeichnen sind, nicht der Reihe nach, sondern fast gleichzeitig. Dieser Fortschritt wird nicht nur im Einzelnen sichtbar, sondern in der Gruppe, zu der er gehört, bei den Völkern und in der ganzen Welt.

Es wird euch und der ganzen Menschheit eine große Gelegenheit geboten. Ihr seid die Erbauer des neuen Zeitalters. Es ist nicht gut für euch, selbstzufrieden dazusitzen. Denn sobald sich die Menschheit (oder die westliche Welt) selbstzufrieden niederlässt, wird sich an einer anderen

Stelle in der Welt eine mächtige Kraft erheben, diese Selbstzufriedenheit erneut herausfordern und der Menschheit den Anstoß geben, der Menschenfamilie wirklich zu dienen. Die Zustände in der heutigen Welt spornen diese Güte an, die in jeder lebendigen Seele liegt und das Bewusstsein derer belebt, die empor schauen. In den kommenden Jahren werdet ihr mehr von dem sehen, was ihr bereits innerlich zu fühlen beginnt – eine Umwandlung und Belebung der Lebensschwingungen. Zuerst wandelt ihr vor allem eure eigenen Atome um und durchlichtet und verfeinert euren Körper. Was für den Einzelnen gilt, gilt für die ganze Welt.

Ihr blickt zweitausend Jahre zurück und empfindet es als eine lange Zeit. Es ist nichts. Jesus war der Bote, der das kommende Wassermann-Zeitalter ankündigte, und die Menschheit hat zweitausend Jahre gebraucht, nur um in die Wahrheit der Lehre und die Weisheit, die Jesus brachte, einzudringen. Nun muss die Menschheit diese Wahrheit aufnehmen, um so zu werden, wie der Meister vorschrieb; und der Einzelne muss die Gesetze des göttlichen Geistes in die Tat umsetzen – das Gesetz der Liebe und Bruderschaft, das Gesetz der göttlichen Heilung, das Jesus lebte. Aus dem Herzen Jesu strömten unaufhörlich die Strahlen einer reinen, weißen Magie. Jedes Menschenherz kann immer noch dieselben Strahlen aus dem Herzen Christi empfangen, und wenn das Herz rein und fröhlich bleibt, vermag es seinerseits Licht und Heilung in die Welt zu senden.

## DIE VERWIRKLICHUNG DES CHRISTUS-STERNS

Am Anfang besaß der Polarstern einen mächtigen Einfluss auf das menschliche Leben. Es unterliegt den Einflüssen aller Planeten, die mit der Evolution des Lebens auf der Erde in Verbindung stehen. Durch diesen Magnetstern werden die Strahlen auf die Erde gelenkt. Das Licht und die Kraft des Polarsterns fiel auf die allerersten Menschen des polaren Zeitalters, wie wir es nennen können, das Zeitalter, in dem die Menschen unmittelbar unter dem Stern standen, ein Zeitalter des Lichtes und der Bruderschaft. Aber die Menschen entschieden sich für den freien Willen – man spricht auch vom Fall der Menschen – für einen bestimmten Pfad, der dazu führte, dass sich das gesamte Leben auf der Erde veränderte. Der geistige Magnetstern wich ein wenig von seiner Ausrichtung ab, was alle Arten von Schmerz und Leid verursachte und das so genannte Böse hervorbrachte. Aber die Menschheit lernt erneut, sich auf den Polarstern auszurichten. Dieser Stern, dem ihr folgt – der sechsstrahlige Stern – ist tatsächlich ein Sinnbild des Polarsterns über euch, auf den die Menschheit mit der Zeit sich auszurichten lernt, so dass die unmittelbaren Strahlen dieses großen Sterns wieder auf die Menschheit fallen und Bruderschaft, Licht und das vollkommene Zeitalter bringen werden.

Wir lenken eure Aufmerksamkeit auf das Symbol des Christus-Sterns – gestaltet, erschaffen als ein wunderschöner, strahlender, lichtvoll pulsierender Stern. Die Strahlen dieses ewigen Symbols strömen unaufhörlich weit hinaus und erleuchten die Erde. Wo liegt der Ursprung dieses Sterns?

Was diese besondere Manifestation betrifft, ist sie das Ergebnis einer langen Periode von Gott-Gedanken, guten Gedanken, liebevollen Gedanken, aufbauenden Gedanken, die von jenen ausgesendet worden sind, die im Geiste auf der Erde wirkten. Diese vereinte Bemühung, diese Kraft, die so lange hinausging, erschafft diese Form. Sie ist allerdings weitaus mehr als eine Gedankenform und wird über die Welt und in die unsichtbaren Sphären gesendet, die diesen Planeten umgeben.

Das Symbol des sechsstrahligen Sterns findet man in allen zeitlosen und esoterischen Lehren und wurde im Laufe vieler Zeitalter von Bruderschaften überall auf der Welt benutzt. Der sechsstrahlige Stern ist das schönste Sinnbild für die vollkommen ausgeglichene Seele, eine Seele, deren Haupt im Himmel ist, deren Fähigkeiten belebt werden, um das Licht von oben zu empfangen, und deren Füße fest auf der irdischen Straße stehen, die sie mit nur einem Ziel im Auge geht – wahres geistiges

Glück zu finden und zu geben. In welche Richtung ihr auch geht, welche Straße ihr auch wandert, es bleibt dasselbe – vollkommen ausgeglichen zu sein und ein Brennpunkt (wenn in Liebe, mit Konzentration und Hingabe gehalten) zu werden, der die Engelscharen aus den Christus-Sphären anzieht, die unaufhörlich dafür arbeiten, dass sich die Christus-Kraft auf Erden manifestiert. Wo der Stern durch den Willen und die Liebe von Männern und Frauen, die auf der Erde weilen, leuchtet, kann der Erfolg über Chaos und Unordnung, Krieg und alles Böse in der Welt wahrhaft magisch wirken.

Der Stern ist nicht nur eine starke, kosmische Kraft, er ist auch eine zärtliche, liebevolle Führungskraft; eine schützende Kraft in eurem eigenen Leben. Wenn ihr euch dieser sanften und lieblichen Ausstrahlung unterwerfen könnt, wird euer Pfad von Licht, Glück und einem stillen Frieden erfüllt sein. Der Meister kennt eure Ängste und Sorgen, und wenn ihr zu ihm, zu dem Stern, geht, werdet ihr den Trost, die Führung und die Liebe erhalten, die ihr benötigt. Nichts bedeutet mehr als dieses geistige Leben in euch. Es ist der Schlüssel zum Himmel, zum Himmel auf Erden und der himmlischen Welt nach dem Tode.

Wenn ihr das Licht des Sterns aussendet, zwingt es nicht bloß aus eurem Stirn-Chakra. Öffnet euch in Demut, Sanftmut und Liebe dem „Christos", dem einen, den wir Christus nennen – dem vollendeten Menschen – dem makellosen Sohn oder der Sonne Gottes. Wenn ihr das Licht des Sterns aussenden wollt, versucht zuerst das Gefühl der Liebe in eurem Herzen zu wecken. Jesus sagte ganz einfach: *„Liebet einander."* So lieben wir Gott. Wir erheben unsere Gedanken zur Spitze des goldenen Dreiecks und führen uns dort den herrlichen Stern vor Augen. Wir halten diesen Stern, diesen Lichtpunkt, und in diesen Lichtpunkt, direkt im Zentrum dieses vollkommenen, geometrischen, sechsstrahligen Sterns, können wir das Bild von jemanden halten, dem wir helfen möchten. Oder wir halten nur den Stern und sehen die Strahlen von ihm ausgehen. Wenn ihr gewissenhaft und aufrichtig vorgeht, werdet ihr nicht nur euren Patienten und der Welt helfen, indem ihr Licht in die

Dunkelheit der Materie sendet; sondern gleichzeitig entfaltet ihr in euch jene liebliche, goldene Blume, von der wir gesprochen haben und lebt in dem Stern-Tempel.

Dies ist das Geheimnis: Zu leben, zu wissen und in dem Bewusstsein des unendlichen Lichts und der unendlichen Liebe zu sein. Es gilt für den Geist, nicht für die Materie zu leben; denn die Materie ist zweitrangig. Der Geist ist das Erste und Vorrangigste im Leben des Menschen, und um richtig zu leben, müsst ihr leben, um das Bewusstsein des großen weißen Lichts oder des Christus in euch zu entwickeln. Nicht in der Stirn, sondern in eurem Herzen und in dem tausendblättrigen Lotos an der Spitze eures Dreiecks. Arbeitet immer mit diesem höheren Dreieck und dem Stern. Das Dreieck liegt im Stern – euer Dreieck an seiner Basis, das ausgleichende Dreieck, durchdringend, das von oben kommt, um zu vereinen und den Stern zu formen. Ihr seid in ihm, und ihr müsst euch bewusst werden, dass ihr in ihm seid und das Bewusstsein der Macht dieses Sterns entwickeln, um Wunder zu vollbringen. Aber denkt daran, es ist nicht euer Wille, der Wunder wirkt. Es ist die Macht Gottes; es ist Gottes Wille. Gott ist das Licht in der Menschheit, und Gott gibt oder nimmt in seiner Weisheit. Wir hoffen, ihr versteht dies und werdet nicht erzwingen, was ihr glaubt, tun zu müssen. Unterwerft euch in allem Gottes Willen.

# XIII

# INNERE ENTWICKLUNG
# UND ÄUSSERER WANDEL

*Du sollst den Herrn, deinen Gott lieben mit deinem ganzen Herzen und mit deiner ganzen Seele und mit deinem ganzen Gemüt...Du sollst deinen Nächsten lieben wie dich selbst.*
Matthäus 22, 37;39

*Unser Vater, der du bist im Himmel, dein Name werde geheiligt.*
Matthäus 6, 9

*Und ob ich schon wandere im finsteren Tal, ich fürchte kein Unglück; denn du bist bei mir, dein Stecken und Stab, der tröstet mich.*
Psalm 23, 4

*Welcher von diesen dreien, dünkt dich, sei der Nächste dessen gewesen, der den Räubern in die Hände gefallen war?*
*Er aber sagte: Der, welcher ihm die Barmherzigkeit erwiesen hat. Da sprach Jesus zu ihm: Gehe auch du hin, tue desgleichen!*
Lukas 10, 36-37

Es fällt euch schwer zu glauben, wenn wir euch sagen, dass das Menschengeschlecht einer herrlichen Zukunft entgegenblickt und jedes Individuum die wunderbarsten Fähigkeiten in sich trägt. In alten Zeiten, als ein großer Teil der Menschheit wirklich in einer dunklen Epoche lebte, malte die Religion das Bild von einem Himmel nach dem Tode, das heißt, die christliche Kirche versprach einen Himmel, der mit Sicherheit so lange bestand wie die Person ihren Lehrsätzen vertraute und sie glaubte.

Wir meinen nicht ein von der Erde getrenntes Leben, wenn wir von einem wunderbaren, herrlichen und vollkommenen Leben, einem Leben des Glücks, der Harmonie und der Schönheit sprechen. Wir sprechen von einem Leben, das in erster Linie von dem Mann, der Frau in seinem, ihren Innern und zweitens auf der äußeren Ebene verwirklicht werden kann. Der Himmel kann auf Erden verwirklicht werden.

Dies mag in verschiedener Weise geschehen. Der menschliche Geist kann so strahlend werden, so über dem physischen Leben stehen, dass er zu den höheren Bewusstseinsebenen vorzudringen vermag, die ihr als den Himmel betrachtet. Anstelle dieses himmlischen Zustands, irgendwo hoch oben in den Wolken, kann dieser Himmel hier unten auf der Erde gefunden werden. Ein Mann oder eine Frau kann sich so stark auf die Wahrheit, auf sein oder ihr wahres Selbst einschwingen, dass es ihm oder ihr möglich wird, jenseits des materiellen Schleiers in ein Land des Lichtes, in das Land des Geistes zu schauen. Um dies zu erreichen, müssen die geistigen Eigenschaften entwickelt werden. Erst wenn diese geistigen Eigenschaften entfalten sind, wird der Mann, die Frau durch den Christus-Geist erhoben, so dass er oder sie ein Leben erschauen und daran teilnehmen kann, das von ungeahnter Schönheit ist, harmonisch, heilig und friedvoll, aber auch voller Energie, Aktivität und Dienen, ein Leben, das mit stiller Freude erfüllt. All das klingt nahezu unmöglich, was besonders für die dunklen Jahre der Vergangenheit gilt, aber die Dunkelheit wird vergehen und die Sonne wieder scheinen.

Die Antwort auf jedes menschliche Problem liegt im göttlichen Geist. Solange die Menschen sich nicht über das Selbst zu erheben und Verbindung zu diesem göttlichen Geist aufzunehmen vermögen, werden sie nicht die Führung erhalten, nach der sie sich sehnen. Selbst diejenigen, die eine gewisse Kenntnis dieser geistigen Wahrheiten besitzen, vergessen oft die Quelle der Weisheit oder das Zentrum der Wahrheit, das immer antworten wird, wenn sie sich nur vorbereiten und lernen wollten, zu diesem Zentrum zu gehen, um die Antwort zu erhalten.

Im Augenblick ist es sehr wichtig für euch zu erkennen, dass ihr ein inneres, geistiges Leben und ein äußeres, weltliches Leben habt. Es ist wesentlich, dass ihr alle beginnt, euren geistigen Aspekt zu entwickeln. In eurem eigenen Sein ist reiner Geist. Ihr alle seid auf der Erde, um euren Geist zu entfalten, der unter vielen Decken, der physischen, mentalen und emotionalen, begraben liegt. Es gibt etwas sehr Großartiges in allen Menschen. In diesem Leben sind euch Handwerkszeuge gegeben worden, die es euch ermöglichen, die vollendete Gestalt des Sohnes zu meißeln, den Sohn Gottes, das Christus-Wesen. Ihr erfasst nicht wirklich, dass in euch etwas ruht, das kostbarer, schöner und herrlicher ist, als ihr es euch jemals vorgestellt habt. Gelegentlich hört ihr von einer Widerspiegelung oder Manifestation dieser Herrlichkeit, die großartige Menschen und natürlich die, die ihr Meister nennt, wie ein Blitz durchleuchtet. Sie strahlen die Herrlichkeit und Schönheit des göttlichen Lebens aus. Ihr denkt, dieses Wesen zu verehren, ihm aber niemals nahe zu treten. Ihr verehrt aus der Ferne, anstatt euch selbst in der Gewalt zu haben und daran zu arbeiten, euren eigenen Charakter zu vervollkommnen, damit sich derselbe göttliche Geist durch euch für alle Geschöpfe manifestiert. Darin liegt der ganze Sinn des Lebens.

In diesem neuen Zeitalter, in das ihr nun eintretet, werden der materielle und der geistige Aspekt der Menschenrasse stark belebt. Es gibt bereits eine große Anzahl von inkarnierten Seelen, die bewusst oder unbewusst, wissend oder nicht wissend, als Pioniere dieser neuen Epoche wirken. Wir möchten, dass ihr eure große Verantwortung erkennt, gleichgültig wie einfach oder verborgen euer eigenes Leben sein mag. Ihr seid zu einem besonderen Zweck auf die Erde zurückgekommen; ihr seid nicht nur gekommen, um euer Gottesbewusstsein zu entwickeln, sondern um den Weg für alle zu bahnen, die folgen. Ihr könnt nicht anders, als euren Charakter und eure Göttlichkeit zu entwickeln, wenn ihr den Menschen wirklich dient. Kümmert euch nicht allzu sehr um euer eigenes Wachstum und eure Entwicklung, so lange ihr die richtige Einstellung besitzt. Ihr müsst nur dem geistigen Gesetz gehorchen, dann werdet ihr auf einem Pfad sein.

Dieser Pfad ist der Pfad der geistigen Pioniere. Diejenigen, die heute inkarniert sind, haben es schwer, denn sie bereiten die Ankunft vieler Brüder und Schwestern der großen weißen Loge zu einem späteren Zeitpunkt des Wassermann-Zeitalters vor. Auch Engelwesen werden sich nähern. Männer und Frauen werden mit Engeln gehen und sprechen, aber nur ein Engel erkennt einen Engel und ein Gott einen Gott. Ehe Männer und Frauen nicht die erforderlichen Eigenschaften in sich entwickelt haben, nehmen sie die Gegenwart von Engeln oder Göttern nicht wahr. Ein vollkommenes Gesetz durchzieht das Leben, und niemand kann sich der Belohnung oder dem Leiden, der Freude oder dem Schmerz entziehen. Ihr seid ein Magnet und ihr zieht an, was ihr selbst seid. Die Schwingungen, die ihr in euch selbst erschafft, sind sehr mächtig. Sie ziehen ähnliche Schwingungen an.

Wie könnt ihr die Dunkelheit, die euch umhüllt, durchbrechen? Nur dadurch, indem ihr den göttlichen Willen in eurem Herzen entwickelt – den Willen, dem Gesetz des Christus-Lebens zu gehorchen. Auf welche Weise entwickelt ihr diesen Willen? Nun, wir werden euch einen sehr einfachen Weg beschreiben, so einfach, dass ihr unsere Worte vielleicht kaum beachtet: Bemüht euch täglich, den ganzen Tag über Gottes Aufforderung nachzukommen. *„Du sollst den Herrn, deinen Gott, lieben mit deinem ganzen Herzen und mit deiner ganzen Seele und mit deinem ganzen Gemüt…Du sollst deinen Nächsten lieben wie dich selbst."* „Deinen Nächsten, wie dich selbst" – das ist eine schwierige Forderung. Es heißt nicht, liebe deinen Nächsten mehr als dich selbst – sondern deinen Nächsten wie dich selbst. Liebe den Herrn, deinen Gott, mit deinem ganzen Herzen und mit deiner ganzen Seele und mit deinem ganzen Gemüt – und deinen Nächsten. Das ist alles. Das ist das Gesetz. Aber es ist nicht einfach.

Wenn ihr das Gesetz befolgen wollt, muss dies auf physischer, mentaler, emotionaler und geistiger Ebene geschehen. Das heißt, ihr solltet eure Gedanken beherrschen. Ihr müsst den göttlichen Willen wirken lassen. Ihr müsst wollen, den Willen Gottes zu wollen, nicht nur für euch selbst, sondern für das gesamte Leben, so dass ihr die Allmacht erkennt, die die Welt überschattet und auch euer eigenes Leben lenkt.

Ihr alle wartet – ja, wartet – dass etwas geschieht. Jeder Einzelne von euch hofft auf eine hellere Zukunft. Die Ewigkeit ist jetzt, die Zukunft ist jetzt. Weder die Vergangenheit noch die Gegenwart oder Zukunft sind getrennte Zeitperioden. Die Seele umfasst alles jetzt. Eure Reaktion auf das Jetzt bestimmt eure Zukunft. Blickt niemals auf die Zukunft und erwartet dies, das oder jenes. Lebt mit Gott im Heute, und die Zukunft wird euch keine größere Freude bereiten als ihr sie heute erlebt. Viele Leute verbringen ihre Tage in der Erwartung, dass irgendetwas geschieht, sich etwas ereignet. Das bedeutet, in Angst zu leben, und wir möchten euch zeigen, wie töricht dies ist. Lebt im Heute. Lebt und seid ruhig, und ihr habt euer Himmelreich betreten.

Was die Probleme der Zeit betrifft, versuchen fast alle Leute, sie aus rein materieller Sicht zu lösen. Wir sehen so viel Leid und Furcht in der Welt. Männer und Frauen sind von Furcht erfüllt – sie fürchten ihre Brüder, ihre Schwestern und sich selbst. Wir sprechen dies bewusst an, denn Furcht zerfrisst und verschlingt das Glück einer großen Anzahl von Menschen. Es gibt die allgemeine Lebensangst, die Angst vor der Zukunft, die Furcht vor Verlust und Krankheit, vor einer Trennung von geliebten Menschen und vor allem die Todesangst. Die Furcht scheint der größte Feind der Menschheit zu sein, und das Erste, worum sich ein Mensch bemühen sollte, ist die Überwindung der Furcht.

Angst kann den Geist beengen und durch das Mitwirken der Emotionen nahezu verschlingen. Wenn euch die Furcht zu übermannen droht, betretet den stillen Tempel im Innern und beherrscht mittels der Kraft von Wille und Geist die Emotionen. Demütig bittend, erhebt euer Herz: „Mein Vater…Göttliche Mutter." Beschäftigt euch nicht länger mit eurer Schwierigkeit; sie ruht jetzt in Gottes Händen. Tretet mit einem erfüllten Herz in den Kreis der Gottesliebe.

„Vater, Mutter…der du bist im Himmel, *dein Name werde geheiligt.*" Dies ist ein Zustand vollkommenen Friedens und Glücks. „Du bist mein Vater, meine Mutter, und du kannst mich erheben, um mit dir im Himmel zu sein. Deine Ruhe und dein Frieden allein sind es, die mein Herz und meine Seele erquicken."

Im Licht unseres Vaters vermag uns nichts zu verletzen. Schreiten wir durch das Tal der Schatten, ist er mit uns. Sein Stecken und sein Stab trösten uns. Öffnet euer inneres Heiligtum und lasst die Kraft des Geistes euch still den Lebensstrom hinunter leiten. In Stille! Dies bedeutet aber nicht, dass ihr eure eigene Verantwortung und die Notwendigkeit des Handelns aus den Augen verlieren sollt. Wenn der Weg gezeigt wurde, mag Gott zur Entscheidung und zum Handeln aufrufen, nicht zur Passivität.

Sorgt ihr euch um materielle Bedürfnisse, so denkt daran, dass die Liebe Gottes allmächtig ist. Gott weiß! Wir rufen euch zu: Seid mutig! Schreitet wie Söhne und Töchter auf eurem Pfad voran. Gott sorgt für deinen Lebensunterhalt, deine Nahrung und die Erfahrung, die du auf deiner Lebensreise benötigst, damit du wächst und dich entwickelst.

## DIE MACHT DER GEDANKEN

Wir können die Kraft der Gedanken nicht stark genug hervorheben. Ihr glaubt, der Gedanke sei etwas Privates, dass niemand menschliche Gedanken lesen kann. In Wirklichkeit aber bleibt kein Gedanke verborgen. Er wird gehört, gesehen und mehr noch, er besitzt oft eine dynamische Kraft, was ihr noch lernen müsst. Eure Gedanken helfen entweder der Welt zur Erleuchtung oder sie halten den Fortschritt der Menschheit auf. Der Gedanke kann Gesundheit schaffen und heilen, aber der Gedanke kann auch Schmerz und Krankheit herbeiführen und das körperliche, mentale und menschliche Seelenleben stören und zerstören. Die Wissenschaft beginnt erst, die Gedankenkraft zu begreifen. Der Gedanke vermag alles in der Welt. Gedanken der Angst, der Furcht und des Hasses bilden die Wurzeln allen Leides und aller Kriege. Der Gedanke kann auch Schönheit und Harmonie bewirken und Brüderlichkeit sowie alles andere, wonach sich Männer und Frauen sehnen. Nur Gutes zu sehen, Gutes zu schaffen, positiv zu denken, trägt dazu bei, alles Wünschenswerte und Gute herbeizuführen.

Wenn ihr auf eurem Pfad voranschreitet, werdet ihr deutlich erkennen, dass ihr das werdet, was ihr denkt. Die durch eure Gedanken hervorgerufenen Schwingungen wirken sich auf den höheren Äther aus. Ihr bildet etwas in diesem höheren Äther ab und zieht dadurch entsprechende Wellen oder Kräfte an, die bei ihrer Rückkehr (wenn ihr weiterhin den Weg weisen Denkens und Dienens verfolgt) bestimmte Bedingungen in eurem Leben schaffen. Das im Geist und in der Seele des Menschen wirkende Gesetz erschafft die Lebensbedingungen und bringt dem Einzelnen (wenn er in der richtigen Weise arbeitet) die Dinge, die er erbittet und erhofft. Aber es hängt nicht vom Denken allein ab. Das ist nur ein schmaler Bereich. In Wahrheit solltet ihr mit Gott arbeiten, um nicht nur für euch, sondern für die ganze Menschenrasse Harmonie, Schönheit, Gesundheit, Ganzheit und Glück zu schaffen. Es ist dieser Ansporn schöpferischer Liebe, der euren Gedanken und Gebeten Kraft und Leben verleiht.

Aufgrund magnetischer Anziehungskraft werden eure Gedanken zu anderen Gedankenströmen gezogen, positiven oder negativen. Alle eure positiven Gedanken – wir verstehen darunter erhebende, aufbauende Gedanken – gesellen sich aufgrund des Gesetzes der Anziehungskraft zu starken Strömen guter Gedanken, Gedanken des weißen Lichtes. Negative, unfreundliche oder grausame Gedanken nähren die großen Ströme der Dunkelheit. Wieviel unbewusste Grausamkeit es doch gibt! Gedankenlosigkeit kann viel Leid verursachen und ist somit eine Art von Grausamkeit. Andererseits trägt eure Achtsamkeit und Freundlichkeit, gleichgültig in welcher Form, zu jenem großen Lichtstrom bei, von dem die Existenz der Menschheit abhängt.

Um diese schlichten Wahrheiten, die uns die Meister aller Zeiten gelehrt haben, wissend, blicken wir auf die Welt und erkennen, dass unsere Aufgabe darin besteht, Meisterschaft über uns selbst zu gewinnen. Wir blicken auf die Welt und sehen Streit. Wir sehen zahlreiche Ansichten, die nach unseren Vorstellungen richtig oder falsch zu sein scheinen. Eine einzige Wahrheit ist gewiss, über allem steht der erhabene Herrscher – der erhabene Geist – und jedes der Kinder des großen Geistes ist ihm/ihr lieb, so wie wir sind. Der erhabene Geist blickt auf die Welt und wünscht nur eines, dass seine/ihre Kinder geistig wachsen und das Glück finden, das er/sie ihnen wünscht. Gott möchte, dass alle Männer und Frauen an geistiger Schönheit zunehmen, sie alle Gelegenheit zu Ausdehnung und Wachstum erhalten – nicht nur einige wenige, hier und dort, sondern alle Gotteskinder. Gott hat Mann und Frau erschaffen, sie in eine Welt unendlicher Verheißung gestellt und ihnen grenzenlose innere Möglichkeiten gegeben. Nur ihr allein könnt euch selbst entfalten, und nichts hält irgendjemanden davor zurück, die grenzenlosen Fähigkeiten zu entwickeln, da der unendliche Geist All-Liebe, Wahrheit, Weisheit, Güte und Brüderlichkeit für alle Geschöpfe ist.

Trachtet nach dem Willen Gottes, nicht nach dem Eigenwillen. Mögen alle Völker den göttlichen Willen zum Wohle der ganzen Welt anstreben. Kein Land muss sich fürchten, wenn es nach dem göttlichen Gesetz handelt. Wir wissen, dass zahlreiche Probleme auftauchen werden, dennoch bleiben wir dabei, dass das geistige Gesetz der Weg des Friedens ist. Die Menschheit aber muss diesem göttlichen Gesetz eine Gelegenheit bieten; statt dessen haben die Leute immer wieder Entschuldigungen und Gründe bei der Hand, um das geistige Gesetz nicht anzuwenden. Dennoch liegt hierin die einzige Antwort, und wir empfehlen euch, in eurem eigenen Leben *zuerst das Königreich Gottes zu suchen*. Geht in die Stille. Sucht dort, und wenn ihr es gefunden habt, verwirklicht es in eurem eigenen Leben. Schiebt alle Versuchungen beiseite; hegt keine unfreundlichen Worte oder Gedanken. Lasst an ihre Stelle Rücksichtnahme und Achtsamkeit treten und denkt an die Schwierigkeiten, auf die alle Leute stoßen, ihr mit eingeschlossen. Dies ist das Christus-Gesetz, und dies ist es, was Christus durch seinen Diener Jesus von Nazareth tat. *Geht, und tut desgleichen* – und ihr werdet nichts zu befürchten haben. Ihr werdet eure Schwingen ausbreiten und euch in eine Welt großer Freude, in Reiche des Lichts und des Friedens erheben.

Jedesmal, wenn sich ein zerstörerischer Gedanke einschleicht, entlasst ihn augenblicklich. Denn durch die Anhäufung zerstörerischer Gedanken wird der Mentalkörper der gesamten Menschheit mit Vorstellungen genährt, die vernichtende Waffen und boshafte Wege ersinnen, um das Leben zu vernichten. Wir möchten euch ein klares Bild zeichnen. Betrachtet, wie die schöpferische Kraft für das Gute eingesetzt wird, während ein Aufgebot an dunklen, schädigenden Gedanken darauf wartet, Eingang in den Geist starker Intellekte zu finden, um Methoden der Zerstörung zu erschaffen und die zerstörerischen Leidenschaften und Emotionen von Menschen zu entfachen. Wir im Geiste arbeiten für Harmonie und Ausgeglichenheit im menschlichen Leben, und auch ihr könnt euch dazu erziehen, Güte, Schönheit und Harmonie zu denken und zu gestalten.

Allerdings ist die zerstörende Kraft des Bösen für die Erde auch notwendig, denn es gibt eine Menge auszuräumen – überholte Vorstellungen und veraltete Methoden in verschiedenen Lebensbereichen. In dieser Hinsicht dienen die Kräfte dazu, auszuräumen – oder sollen wir sagen zu zerstören –, denn wenn etwas seinen Zweck erfüllt hat, muss es aufgelöst werden, es muss weichen, und darin liegt der Wert des destruktiven Elements im Leben. Wir möchten euch die richtige Einschätzung für den Wert der Zerstörung vermitteln – der Beseitigung von alten Methoden und alten Vorstellungen und der Vorbereitung auf das Gute, Wahre und Schöne. Dies meinen wir, wenn wir erklären, dass das Gleichgewicht aufrecht erhalten werden muss.*

Mit dem beginnenden Wassermann-Zeitalter wird der Mutter-Aspekt überall und auf allen Lebensebenen sichtbar werden. Wir sollten jedoch bedenken, dass der Mutter-Aspekt Gottes dualer Natur ist und sowohl

---

*So wie White Eagles Lehren an anderer Stelle eine Parallele zu dem buddhistischen Bodhisattva-Prinzip oder der Verkörperung des Mitgefühls in Avalokiteshvara aufzuweisen scheint, bezieht er sich hier wohl auf den Hindu Gott Shiva, den Erschaffer und Zerstörer, der unangekündigt zugegen ist.

zerstört als auch erschafft. Ehe das Wassermann-Zeitalter wirklich beginnen kann, muss das Alte niedergerissen werden. Diesen Abbruch beobachten wir überall; aber diejenigen, die bei diesem Prozess verletzt werden, bedürfen der Heilung. Sie müssen geheilt werden, um das neue, schöne Zeitalter des Geistes hervorzubringen.

Die Gedankenkraft kann tatsächlich Wunder wirken, was wiederum Fragen in euch aufzuwerfen vermag. Bedenkt, dass sich die Menschheit auf einer Spirale weiterentwickelt und ihre Evolution in Zyklen verläuft. Männer und Frauen müssen lernen, mit der Christus-Liebe in ihrem Herzen ihre geistige Kraft – ihre Gottes-Kraft – zu gebrauchen. Ansonsten müssen sie den Schmerz erdulden, den der falsche Gebrauch der Gottes-Kraft verursachen wird. Die Meister, über die wir gesprochen haben, haben gelernt, diese Kraft nur in Liebe und im Dienst an ihren Gefährten oder an der Menschheit einzusetzen. Und das müssen auch die Männer und Frauen im Laufe ihrer allmählichen geistigen Entwicklung lernen.

Unsere Botschaft besteht darin, euch auf eure Möglichkeit aufmerksam zu machen, eure eigene Gedankenkraft einzusetzen, um der Menschheit zu helfen, nicht um sie zu verletzen, um euch selbst zu helfen, anstatt euch zu verletzen. Jeder besitzt die Macht, aufbauende Gott-Gedanken zu denken, nicht nur zu bestimmten Zeiten, sondern aus Gewohnheit. Anstatt sich zu beklagen: „Oh, welch ein scheußlicher Tag!", versucht zu denken: „Oh, wieder ein Gott gegebener Tag. Wie gut der Regen doch tut! Mutter Erde braucht den Regen. Wie gut ist die Kälte. Mutter Erde braucht die Kälte, um sich in Vorbereitung auf den Frühling zu reinigen." Seht immer in allem und in jedem das Beste. Anstatt zu denken: „Soundso will mir weh tun; soundso hat Unrecht; ich bin im Recht", erkennt, dass ihr tolerant, freundlich und gut denken sollt, gleichgültig wie sich eine andere Seele verhält.

Wir predigen ein Evangelium der Vollkommenheit; wir wissen dies ganz genau, aber ihr tragt die Samen der Vollkommenheit ja bereits in euch. Ihr solltet nicht über euch selbst nachdenken. Ihr solltet nur euren

Tag leben, alles und jeden lieben; atmet einfach nur Liebe, lebt Liebe, denkt Liebe – dann können Angriffe euren Schild nicht durchbohren. Erinnert euch an eure Gedanken und überprüft sie. Ihr werdet eure Bedingungen allmählich neu gestalten, euer ganzes Leben neu gestalten. In unserer Welt werden junge Seelen darin unterrichtet, diese Kraft zu benutzen; in unserer Welt werden Gebäude aus Gedanken errichtet. Es würde euch überraschen und belustigen, einige Bemühungen der jungen Seelen zu sehen, in unserer Welt ein Gebäude zu errichten. Die Proportionen stimmen nicht, da sie nicht daran gewöhnt sind, die Gedankenkraft in der richtigen Weise einzusetzen.

Diejenigen unter euch, die sich in der Meditation üben, erkennen die Möglichkeiten des schöpferischen Gedankens, des Gott-Gedankens, des guten Gedankens. Ein makelloser Gedanke erschafft eine makellose Form, und mit der Zeit werdet ihr ein makelloses Leben gestalten. Denkt nicht ständig über Krieg oder andere schreckliche Dinge nach. Seht das Gute werden – immer und immer wieder – und ihr werdet aktiv dazu beitragen, diese Voraussetzungen zu schaffen.

Viele mögen fragen: „Wie ist das möglich, wenn man sich mit unangenehmen Zuständen auf der Erde abfinden muss?" Es ist möglich, aber es bedarf der Selbstdisziplin und der Beherrschung einer Vielfalt von Gedanken – störender, ablenkender und kranker Gedanken. Ihr werft ein, dass die Gedanken von alleine kommen – sie kommen, ehe man sie bemerkt. Nun, das trifft zu. Aber mit der Zeit seid ihr in der Lage, den Einbruch zu kontrollieren. Es gelingt nicht sofort. Ihr könnt euch nicht eines Morgens hinsetzen und beschließen: „Heute will ich keine unerwünschten Gedanken denken." So einfach ist das nicht! Es mag lange Zeit dauern, vielleicht sogar mehrere Leben, um geistige Gelassenheit zu erlangen – die Herrschaft über den irdischen Geist durch den reinen Geist, durch das Göttliche in euch.

Seid nicht entmutigt, sondern beginnt unverzüglich, dem Plan, den wir vor euch aufgerollt haben, zu folgen. Macht es euch zur Gewohnheit, Gedanken der Reinheit, Güte, Freundlichkeit und des guten Willens willkommen zu heißen und darauf zu reagieren. Versteht dies aber nicht falsch, es bedeutet nicht, mit einer frömmelnd scheinheiligen Haltung durch euren Alltag zu gehen. Das ist das Letzte, was wir befürworten würden. Seid natürlich; seid großzügig im Denken; tragt stets die Erinnerung an die Gegenwart Christi in eurem Herzen – des erhabenen und vollkommenen Gotteskindes – des kosmischen Christus, der sich in so wunderbarer Weise durch den Meister Jesus manifestierte.

Zum Schluss möchten wir noch hinzufügen. Was ihr euch wünscht, hat nicht nur mit dem Denken zu tun, dies ist nur ein kleiner Teil des Gesamtbilds. Ihr müsst mit dem Willen Gottes zusammenarbeiten wollen, um Harmonie, Schönheit, Gesundheit, Ganzheit und Glück nicht nur für euch selbst, sondern für die gesamte Menschheit zu erschaffen. Es ist der Ansporn der schöpferischen Liebe, der den Gedanken und Gebeten Kraft und Leben verleiht. Dies ist die Arbeit einer Bruderschaft.

## GEISTIGES WACHSTUM
## IST DAS ERGEBNIS VON AUSDAUER

Wenn ihr in euren Augen versagt, seid nicht verzweifelt und meint: „Ich habe es noch nicht geschafft." Allein die Tatsache, dass ihr euch bemüht, zeigt, dass ihr eine Stufe bereits erreicht habt. Ansonsten würdet ihr es nicht versuchen. Euer Verlangen und die Ausrichtung des Blickes auf ein Ideal, beweist, dass ihr bereit seid. Wenn ihr den Pfad beschreitet, zeigt das Diagramm Höhen und Tiefen. Die Seele wird zwangsläufig zu den Höhen emporgetragen und muss wieder hinuntersteigen. Manchmal erfüllt euch geistige Begeisterung und ihr könnt alles vollbringen; und dann gibt es Zeiten, in denen ihr ohne Hoffnung seid. Kümmert euch nicht darum – niemals. Haltet mit liebendem Herzen an eurem Ideal und an eurem Vater-Mutter-Gott fest, den Eltern, die über euch wachen, die ihr Kind verstehen, denn sie haben euch geboren. Lebt euren Alltag und haltet euch an eure Lektionen, dann lasst ihr bewusst das Licht wirken, so dass eure Körperzellen verfeinert werden. Das ist es, was in der Welt geschieht. Der Geist – Gott – gestaltet, läutert und erhebt fortwährend die Schwingungen der Welt.

Nur ein Teil der Seele kehrt mit jeder Inkarnation zurück, nicht das größere Selbst. Was sich inkarniert, gleicht nur einem Fühler, der sich wie ein Arm ausstreckt, um für das größere Selbst mehr Erfahrungen zu sammeln. Falls es euch für bestimmte Lektionen an Gelegenheit fehlt, bedeutet dies nicht, dass ihr sie nicht nötig habt, sondern dass ihr zu einem bestimmten Zweck zurückgekommen seid und die anderen Lektionen in diesem Leben nicht für euch anstehen. Ihr sollt auf einer ganz bestimmten Linie Erfahrungen sammeln. Ob die Entwicklung in eurem Fall oder im Fall eures Nächsten auf anderen Ebenen abgeschlossen ist oder nicht, könnt ihr nicht sagen. Es ist also unmöglich, euren Gefährten zu beurteilen. Ihr kennt nicht seine oder ihre Seele. Vielleicht unterhaltet ihr euch mit einer großen Wesenheit. Ihr wisst es nicht. Wir geben zu, einige Leute haben eine seltsame Art, ihre Größe zu zeigen, aber in jeder Person kommt nur ein „Fühler" des wahren Selbst durch. Ihr wisst nicht, was im höheren Bewusstsein verborgen liegt.

Sobald die Seele die erforderlichen Lektionen gelernt und ein gewisses Maß an Vollkommenheit erlangt hat, äußert sie sich in einer vollkommeneren Weise, und dann seid ihr fähig, einen Meister, einen Adepten, einen Eingeweihten zu sehen und zu erkennen. Selbst dann offenbart diese Seele nicht ihr ganzes Selbst, aber einen größeren Anteil, da sie bereit ist, der Menschheit in ihrer eigenen, besonderen Weise zu dienen. Die jüngere Seele zeigt nicht ihre wahre Natur. Die verbleibt im höheren Bewusstsein.

Es spielt keine erhebliche Rolle, wer eine junge und wer eine große Seele ist. Wir denken, es spielt überhaupt keine Rolle. Verehrt nicht jemandem, von dem ihr annehmt, er sei groß; bemüht euch statt dessen, alle zu lieben, Groß und Klein, Alt und Jung. Liebt sie. In den Augen Gottes sind sie alle gleich.

Ist es möglich, sich während des ganzen Arbeitstages des höheren Bewusstseins bewusst zu sein? Es ist möglich, aber schwierig. Es gelingt durch fortwährende Bestrebung und Selbstdisziplin. Die Meditation führt auf Dauer zu zwei Bewusstseinsebenen, das heißt, auf der Oberfläche mögt ihr mit dem Alltag beschäftigt sein, aber jenseits dieser Oberfläche liegt stets dieses Bewusstsein der universellen, göttlichen Liebe. Die ganze Zeit über seid ihr euch über das Alltagsbewusstsein hinaus bewusst.

Es wird eine Zeit kommen, in der sich jede Seele ihres höheren Lebens und ihres wahren Selbst bewusst sein wird. Dann wird sie fähig sein, ihre beiden Aspekte als Gegensätze zu sehen – das begrenzte, irdische und das höhere, himmlische und ewige Selbst. Mit fortschreitender Entwicklung tritt das höhere Selbst stärker in den Vordergrund. Schwierigkeiten und Probleme überwältigen die Seele dann nicht mehr; sie behalten ihren Stellenwert. Die Seele schaut nicht nur Gott und die höheren Dinge, sondern sieht auch alles Irdische. Sie nimmt die Dinge in ihrer richtigen Perspektive wahr, und ihre Feinfühligkeit ermöglicht es ihr, die Äther zu durchdringen und die Ausstrahlung der höheren Welten aufzunehmen.

Um dies alles zu erreichen, müsst ihr unermüdlich voranschreiten. Wenn ihr auch nur ein Jota von dem, was ihr durch unsere Worte fließen hört oder lest, in euren Alltag einbaut, macht ihr es wirklich gut.

Wenn ein gewisses Maß an Beherrschung erlangt ist und die irdischen Prüfungen sicher bestanden worden sind, kommt der Zeitpunkt, an dem eine Person in die große Einweihungshalle gerufen wird. Der Führer leitet die Seele über viele schwierige Wege, durch viele dunkle Passagen – das, was ihr zurzeit in eurem Erdenleben durchmacht. Ihr wisst nicht, wohin euch der Weg führt, wann ihr abbiegt oder was ihr danach vorfindet. Das Menschenleben ist wirklich ein Durchgang, durch den das Wesen – Mann oder Frau – von seinem Führer, nicht nur während einer Inkarnation, sondern im Laufe von vielen Leben, geleitet wird.

Schließlich gelangt die Seele an einen wunderschönen Ort und wird zu dem strahlenden Altar geführt, dessen Licht so stark ist, dass die Augen möglicherweise verhüllt werden müssen. Am Ende der großen Zeremonie sind die Augen nicht mehr verbunden. Sie erblicken den strahlenden Stern, den sechs-strahligen Stern; sechs äußere Punkte mit einem Punkt im Zentrum, insgesamt also sieben Punkte. Dieser sieben-strahlige Stern entspricht den sieben Strahlen des Lebens, den sieben Strahlen, die von den sieben Engeln am Throne Gottes ausgehen. Auf einer langen, langen Reise hat jede Seele auch gelernt, geübt und die Kraft gewonnen, das Licht aus jedem der sieben heiligen Zentren ihres eigenen Körpers auszusenden und die sieben heiligen planetarischen Kräfte anzuziehen, die durch jedes Zeichen des Tierkreises wirken. Der vollkommene Mann, die vollkommene Frau erblickt nicht nur diesen strahlenden Stern bei seiner oder ihrer Einweihung, sondern erkennt, dass er oder sie in Wahrheit dieser Stern ist.

## EINE HÖHERE EBENE DES SEINS

Das höhere Selbst besteht aus einem sehr feinen Äther und aus pulsierendem Licht, das ihr im Laufe eurer Entwicklung durch die Chakras des Ätherkörpers, die „Fenster eurer Seele", auszustrahlen beginnt.

Wenn dieses göttliche Feuer vollkommen tätig wird, so dass alle Chakras der Absicht Gottes entsprechend aktiv sind, wird sich der ganze Körper in einem erhobenen Zustand befinden. Obwohl noch physischer Natur, wird er auf einer sehr viel höheren Bewusstseinsebene als es gegenwärtig der Fall ist tätig sein. Zurzeit mag er sich in einem dunklen Zustand befinden, aber wenn das göttliche Feuer entfacht ist und wirksam wird, schwingt der Körper rascher und erstrahlt hell und schön. Er wird sich dann jener Ebene nähern, die von den Gott-Wesen erreicht worden ist, den Sonnen-Wesen, die über diese Erde wanderten, als diese gerade erschaffen war.

Ihr seid hier, um euch der physischen Materie zu bedienen, nicht um euch von ihr beherrschen zu lassen. Ihr seid hier; ihr seid Licht; und ihr sollt in der Dunkelheit leuchten. Ihr müsst eure irdischen Leben nutzen und sie erheben, um die schwerfälligen Atome des physischen Körpers umzuwandeln.

In euch liegt die Kraft, die Körperatome zu verändern, denn die physischen Atome sind geistige Atome. Diese winzigen Lichtfunken sind die Kraft, die hinter jeder sichtbaren Form steht. Diese Atome können auf den Befehl Gottes umgewandelt werden. Das gesamte Leben steht unter der Führung und der Herrschaft des großen weißen Lichtes.

Heilung bedeutet die Aufnahme der ewigen Sonne, des Lichtes, in den Körper. Wenn ihr euch an dieses Licht wenden könnt, dann atmet es ein. Wenn ihr in diesem Licht bewusst zu leben vermögt, so wird es die Zellen des physischen Körpers beherrschen. Der Körper ist so schwerfällig, das materielle Leben so stark – aber vergesst nicht die Macht Gottes, die die lebendigen Zellen eures Körpers erfrischt.

Wenn wir zuvor von einem neuen Planeten gesprochen haben, der aus dem Herzen der Sonne oder des Sohnes geboren wird, so bedeutet dies, dass aus jedem Leben eine neue Welt entstehen wird. Im Augenblick liegt dies vielleicht noch jenseits eures Fassungsvermögens, aber denkt daran, ihr alle seid Söhne und Töchter Gottes und werdet Götter werden, aus denen eine neue Welt entstehen wird.

Im Laufe ihres geistigen Wachstums werden die Menschen ihre Furcht vor dem Tode verlieren. Sie werden den Tod nicht einmal bemerken, denn sie werden zu geistigem Leben erhoben. Der Tod mit seinem sterblichen Drum und Dran wird der Vergangenheit angehören. Wenn Männer und Frauen ihre dienende Aufgabe beendet haben, werden sie sich aus ihrem physischen Körper an einen Ort im Himmel zur Erholung zurückziehen und sich des Lebens auf Erden wie auch in den geistigen Sphären in seiner ganzen Fülle bewusst sein. Das geistige Leben wird den Tod überwinden. Der Tod wird von der Unsterblichkeit besiegt werden, denn Männer und Frauen lernen, aus dem reinen Geist heraus zu leben, und denselben Geist im anderen erkennend, werden sie wissen, dass der Tod keine Trennung bedeutet.

# XIV

# DIE MEISTERSEELE

*(Simon) sagt zu ihm: Ja, Herr, du weisst, dass ich dich liebhabe.*
*(Jesus) sagte zu ihm: Weide meine Lämmer.*
Joh. 21, 15

*An ihren Früchten werdet ihr sie erkennen.*
Matthäus 7, 20

*Der Vater, der in mir ist, tut diese Werke; nicht ich.*
Joh. 14, 10

*Ich und der Vater sind eins.*
Joh. 10, 30

*Es kommt der Fürst der Welt, und an mir findet er nichts.*
Joh. 14, 30

*Nicht vom Brot allein wird der Mensch leben, sondern von jedem Wort, das*
*aus dem Munde Gottes hervorgeht.*
Matthäus 4, 4

*Bittet, so wird euch gegeben werden; suchet, so werdet ihr finden; klopfet an,*
*so wird euch aufgetan werden.*
Matthäus 7, 7

*Bin ich denn meines Bruders Hüter?*
Genesis 4, 9

163

Bemüht euch um eine umfassende und weitreichende Denkungsweise, wenn wir den Begriff Meister ansprechen. Versucht nicht, den Leuten eine Definition zu liefern und ein Idol aus ihnen zu machen. Sobald ihr die Ausstrahlung eines geistigen Menschen in eine Persönlichkeit zwängt und diese mit einer Aufschrift verseht oder ihr einen bestimmten Namen gebt, beraubt ihr ihn seiner wahren Größe, einer Größe, die sich nicht auf das rein Menschliche beschränken lässt. Es gibt einige Schulen, die Meister gefunden und sie benannt haben. Manchmal werden wir gefragt, ob dies die einzigen Meister in der Menschen-Evolution sind. Vielleicht fragt ihr euch auch, wer euer Meister ist.

Wir möchten euch nicht verwirren und eure vorgefasste Meinung bezüglich der Meister umstoßen, aber es wäre unklug, in eurem Meister eine bestimmte Persönlichkeit zu suchen. Denkt auch nicht, dass er sehr weit von euch entfernt ist. Viele glauben dies. Er oder sie, den oder die ihr Meister nennt, hat sich von der Knechtschaft menschlichen Irrtums und menschlicher Begrenzung befreit. Mit anderen Worten, er oder sie ist Meister über alle menschlichen Begrenzungen.

Manchmal sprechen wir von der Loge der Meister. Wir meinen damit nicht ein bestimmtes Gebäude, ein Bauwerk auf der Astralebene. Wir sprechen von einer Bewusstseinsebene, von der aus alle Meister wirken. Der Meister ist ein geistiges Wesen, auf dessen Bewusstseinsebene es keine Trennung gibt. Alle arbeiten in vollkommener Harmonie, um auf die gesamte Schöpfung der Erde Weisheit, Liebe und Macht auszuströmen. Wenn eine Seele eine Stufe oder eine Bewusstseinsebene erreicht, auf der sie die Weisheit, Liebe und Macht des Meisters zu erfassen vermag, wird sie eins mit dem Meister. Es muss einen Berührungspunkt geben, und wenn eine Seele „hier unten" schwingt, fehlen ihr die Schwingungen „dort oben". Sobald sie aber ihr Bewusstsein auf eine höhere Ebene erhoben hat, tritt sie unwillkürlich mit den Meistern oder mit ihrem eigenen Meister in Berührung. Was bedeutet dies? Alle sind eins.

Gewöhnlich betrachten die Leute Jesus als den Meister. Aber es gibt auch noch andere Seelen, die sich durch irdische Inkarnationen entwi-

164

ckel und Meisterschaft erlangt haben. Auch ihr seid auf halbem Wege zu demselben Ziel und arbeitet bewusst oder unbewusst darauf hin. Es ist euer Schicksal. Es gibt Stufen der Meisterschaft; wir sprechen von Stufen, aber die eigentliche Bedeutung dieses Wortes besagt, dass sie zu der einen geistigen Bewusstseinsebene führt.

Die geistige Hierarchie wirkt unter der Führung und Anregung des "Herrn der Sonne", den ihr in der westlichen Welt als den Christus verehrt. Die Meister der Schar des Christus, die zur Erde hinuntersteigen, beleben das göttliche Licht in den Menschen und in der Erde selbst. Wir möchten euch eine umfassendere Vorstellung dieser Kraft, dieses Lichts, dieses Lebens vermitteln. Ihr seid so eng und begrenzt in eurer Auffassung. Ihr bemüht euch aufrichtig, diese geistige Kraft zu verwirklichen, aber im Moment ist es so, als würde ein Strom reinen Wassers durch einen sehr engen Kanal geschüttet. Einem großen Teil dieser Lebenskraft gelingt es nicht, in den menschlichen Kanal einzutreten. Sie fließt über, wird aber niemals vergeudet, da sie zur gegebenen Zeit in die Quelle, aus der sie stammt, zurückfließt. Dieses Leben, dieses Licht und diese Kraft strömen fortwährend aus und kehren immer wieder zurück.

Wir wünschen uns, dass ihr in Bezug auf die Meister sehr umfassend denkt. Stellt sie euch als einen einzigen Meister vor, und wenn ihr diesen einen gefunden habt, werdet ihr alle sehen, und in allen werdet ihr den einen sehen.

## WER SIND DIE MEISTER?

Wir kennen eure Fragen hinsichtlich der so genannten Meister. Sind sie weit entfernt? Stehst du mit ihnen in Verbindung? Wie viele Meister gibt es im Himmel?

Diese letzte Frage wollen wir zuerst beantworten. Sie sind ohne Zahl! Die Meister sind diejenigen Seelen, die durch Liebe und Selbstdisziplin Meisterschaft über sich selbst erlangt haben. Da sie Selbstbeherrschung gewonnen haben, besitzen sie die Meisterschaft über die Elemente, über die physische Materie. Die Freiheit, die sie verwirklicht haben, ermöglicht es ihnen, auf verschiedenen Ebenen und an verschiedenen Orten gleichzeitig zu leben und sich manifestieren zu können. Raum und Zeit bedeuten für sie keine Grenzen. Die geistige Macht in ihnen ist gewachsen, zu den Kopf-Zentren aufgestiegen, und sie haben Erleuchtung erlangt. Im Vergleich zu den Grenzen, innerhalb derer sich die Massen abmühen, sind sie frei. Nicht alle schreiten über die Erde hinaus, denn bereitet ihnen Freude, bisweilen zurückzukehren und in einem irdischen Körper – oder in seiner unmittelbaren Nähe – zu leben, um jüngeren Seelen oder solchen, die der Liebe und Führung bedürfen, zu helfen. Sie gehen an ihrer Seite. Sie vergeuden weder Zeit noch Kraft, sondern leben, um Gott und dem Menschengeschlecht zu dienen.

Es gibt viele, viele solche Wesenheiten. Sie sind Boten für die Menschheit, und jeder von euch ist berechtigt, mit ihnen in Berührung zu treten. Sie möchten nicht verehrt werden. Es sind bescheidene und gütige Brüder. In der Vergangenheit haben sich zahllose Seelen vom sterblichen Leben zurückgezogen, um die Herrlichkeit der geistigen Ebene zu suchen, zu studieren und Selbstdisziplin zu erlernen. Sie haben die inneren Geheimnisse der Selbstverwirklichung, der Entfaltung des Selbst, gelernt. Sie haben die Geheimnisse entschlüsselt, um die schlafende Schönheit der Seele zu wecken. Diese Geheimnisse sind heilig und können nicht mit Gewalt oder Zwang erlangt werden.

Das Individuum kann sie nur durch Selbstdisziplin, Selbstbeherrschung und eine Lebensführung entfalten, wie es Jesus Christus, Buddha, Krishna, Osiris, Mohammed und alle anderen großen Avatare dieser Welt sowie die indischen Meister und ihre Schüler vorgelebt haben – einen Weg selbstlosen, liebevollen Dienens. Dies ist der Pfad der Demut und Güte, der Pfad des Wissens.

Die letzte Prüfung des Meisters, die letzte Erfahrung der Himmelfahrt, ist der Rückzug des höheren Selbst aus dem grobstofflichen Leben und die Umwandlung der Körperatome, so dass der fühlbare oder materialisierte Seelenkörper dauerhaft wird; aber nicht im irdischen, sondern im himmlischen Sinne. Diesen Zustand nennt man Himmelfahrt, den alle Meister nach der höchsten irdischen Einweihung erreichen. Der aufgestiegene Meister, der diese hohe Erdeinweihung durchschritten hat, während er in einem physischen Körper wirkte, verwandelt seine irdischen Atome in Licht, so dass er oder sie emporgehoben wird und der Körper hinter einer Wolke den Blicken der Menschen auf der Erde zu entschwinden scheint. Obwohl sie sich anscheinend von der Welt zurückgezogen haben, leben und bewegen sie sich und haben ihr Sein in einer höheren Form, was der Durchschnittsmensch nicht zu begreifen vermag. Aber sie können auf euch einwirken.

Denkt nicht, dass die himmlischen Heerscharen, die sich euch nähern, eure körperlichen, geistigen und materiellen Sorgen nicht beachten. Die Meister kennen jedes Geheimnis eurer Seele. Diejenigen, die ihr Meister nennt, wirken als ein einziger Geist. Wenn sie auf die Menschenebene hinuntersteigen, hat jeder seine eigene Aufgabe zu erfüllen, vielleicht in ganz besonderer Weise hinsichtlich eines bestimmten Wahrheitsaspekts. Auf höchster Ebene sind alle *ein* Meister, und der Geist des Meisters ist in Einklang mit uns und ruht vollkommen im universellen Geist – in dessen Herzen oder Zentrum die Wahrheit ihren Sitz hat. Die Strahlen der Wahrheit hüllen das gesamte Universum und jedes einzelne Leben ein. Wir möchten, dass ihr versteht, dass unter all den großen Meistern vollkommene Harmonie und Einheit besteht. Die Stimme des einen wird durch viele Stimmen und Individuen sprechen.

Die Eigenschaften der Mutter und die Eigenschaften des Vaters liegen in jeder Seele, und wenn ein Meister den Körper einer Mutter oder Frau wählt, geschieht dies aus einem bestimmten Grund. Wählt er einen männlichen Körper, so dient dies ebenfalls einem Zweck. Einerseits geht es darum, die Güte oder Liebe der Mutter, andererseits den Machtaspekt des Vaters zum Ausdruck zu bringen. Es muss weibliche Meister (um es in dieser sehr groben, irdischen Sprache auszudrücken) und männliche Meister geben. Versucht, die Bruderschaft als eine Seelengemeinschaft zu betrachten. Wenn ihr die Loge dort oben betretet, werdet ihr erkennen, dass es alles Brüder sind, wobei ihr den Gedanken an ein Geschlecht aufgeben müsst.

Wir wollen nun die vollkommene Gestalt eines älteren Bruders – eines Meisters – betrachten. Welchen Eindruck erweckt diese vollkommene Gestalt in uns? Diese Güte, Sanftheit und Liebe! Könnt ihr die Reinheit und Lieblichkeit der Meisterseele erfassen? Nehmt ihr den Gesichtsausdruck wahr, der Liebe – nicht Schwäche oder Lauheit – ausstrahlt, eine Liebe, die sich zurücknehmen, aber auch zu schenken vermag? Haltet dieses Bild, meine Brüder! Fühlt die Weisheit, die Sanftheit und Güte der Mutter, zusammen mit der Stärke, der Macht und dem Mut des ersten Prinzips, des Vaters. Seht die Dualseele, die machtvoll über der Menschheit wacht. Obwohl für den Menschenverstand nahezu unfassbar, möchten wir euch gerne ein Gefühl für diese liebevolle Obhut vermitteln, in der ihr lebt und euer Sein habt.

## DEN MEISTER SUCHEN

Wir möchten darüber sprechen, *den* Meister zu suchen. Vielleicht hätten wir auch sagen können, *einen* Meister zu suchen, da es viele Wesenheiten gibt, die die Bezeichnung „Meister" tragen, viele Weise, die der ganzen Menschheit dienen. Wir wollen jedoch dabei bleiben, *den* Meister zu suchen, um auf euren *eigenen* Meister einzugehen. Wisst ihr, dass jeder Mann und jede Frau einen eigenen Meister hat? Vielleicht sucht auch ihr den Meister – euren besonderen Meister.

Man mag einwerfen: „Warum über einen unbekannten Meister reden? Wir können keine Verbindung zu ihm aufnehmen. Du sagst uns, dass es tatsächlich Leute gibt, die ihrem Meister begegnet und von ihm belehrt worden sind. Wir aber kennen das nicht. Wie können wir wissen, dass es sie gibt?"

Nun, es liegt in eurer Hand. Ihr verfügt über die Macht, euren Meister selbst zu finden und ihm zur gegebenen Zeit zu begegnen und euch mit ihm oder ihr zu unterhalten, während ihr noch in einem physischen Körper lebt.

In den Mysterienschulen der Vergangenheit und der Gegenwart wird dem Neophyten, dem jungen Kandidaten, befohlen: „Gehe zu deinem Meister, er oder sie wird dich unterrichten." In den antiken Tempeln wurden die Schüler von ihren Meistern geschult, sie suchten ihren Meister. Der Unterschied zwischen damals und heute liegt darin, dass in der Vergangenheit für die geistige Ausbildung besondere Tempel gebaut wurden. Die Reste finden sich überall verstreut in Ägypten und Indien. Wenn ihr sie besucht, werdet ihr die Kraft dieser Orte spüren. Es ist nicht nötig, nach Ägypten oder Indien zu reisen, denn in unseren eigenen Abteien und Klöstern kann man die Heiligkeit, die Kraft, den Frieden und die Harmonie, die diese Plätze durchdringt, fühlen. Hier wanderten die jungen Schüler, die jungen Priester und lernten von ihren Meistern die Weisheit der Zeitalter.

Es gibt nur ein Meister-Bewusstsein oder eine Ebene bewussten Lebens, bekannt als „der Meister". In den Lehren der einzelnen Meister werdet ihr keine grundlegenden Unterschiede feststellen können, aber jede Lehre trägt das Siegel seines oder ihres Lebens. Er oder sie wird das Selbst, die Emotionen, vollkommen beherrschen. Er oder sie wird keine Furcht oder Krankheit kennen und mit jeder Handlung, jedem Wort und Gedanken den Vater-Mutter-Gott zum Ausdruck bringen.

Wir wiederholen, kein Meister wird dem anderen widersprechen; die Lehren der Meister unterscheiden sich in ihrem Kern nicht voneinander. Sie ändern sich nicht, sie sprechen immer dieselbe Sprache; nicht die Sprache eines bestimmten Landes, sondern die Sprache des Geistes, die Sprache der Liebe.

Eine Wahrheit kann durch viele Meister zum Ausdruck gebracht werden. Obwohl sie sich nicht grundlegend widersprechen, kann es sein, dass verschiedene Aspekte oder ein bestimmter Gottesaspekt hervorgehoben werden. Der eine Meister mag große Stärke zum Ausdruck bringen; er oder sie schwingt auf dem Machtaspekt Gottes und tritt als Herrscher eines Volkes auf. Damit wollen wir nicht behaupten, dass eure Regierung aus Meistern besteht! Es soll nur heißen, dass es Meister gibt, die sich auf dem Strahl der Macht für das Wohl und die Erhebung der Menschheit einsetzen.

Ein anderer Meister mag auf dem Strahl der Harmonie, Kunst und Musik schwingen. Ein weiterer wirkt vielleicht auf dem Strahl der Heilung und konzentriert sich darauf, die Menschheit zu heilen, während er alle anderen Eigenschaften eines Meisters besitzt. Wenn euer Interesse auf diesem Gebiet liegt, wird euer besonderer Meister wahrscheinlich zum Strahl der Heilung gehören. Der Buddha gehörte vollkommen dem Strahl der Weisheit an; und seine Schüler *(chelas)* gelangten durch die Weisheit und Kontemplation zur Meisterschaft, indem sie sich aus der Welt zurückzogen und ihrer Intuition oder Weisheit der inneren Stille folgten.

Der Meister Jesus hingegen diente als Kanal für das Licht der Liebe. Der Christus, der sich durch Jesus manifestierte, ist der Sohn Gottes. Versteht ihr das? Der Aspekt der Liebe manifestierte sich in vollem Ausmaß durch Jesus und brachte sich durch Handeln und Dienen zum Ausdruck und verdrängte somit den Aspekt der Macht, den die Hebräer als Jehovah kannten. Das Wort Jehovah als solches ist ein Wort der Macht.

Ihr werdet euren Meister auf dem Strahl finden, mit dem ihr am stärksten in Einklang schwingt. Vielleicht entwickelt ihr euch auf dem Strahl der Führung; und durch die zunehmende Macht in euch – nicht das Herrschen über andere, sondern die Macht, eure Brüder und Schwestern aufzurichten, zu stärken und zu inspirieren – werdet ihr euren Meister finden. Wenn die Weisheit euer Ziel ist, ihr euch nach Weisheit und Verständnis sehnt, dann werdet ihr ihn oder sie auf dieser Schwingung finden. Wenn ihr Jesus Christus als euer Vorbild betrachtet, werdet ihr ihn finden, indem ihr seinen Fußspuren folgt und genau das tut, wozu euch der Christus in eurem Innern inspiriert.

Die in den vier Evangelien dargestellte Güte und Sanftmut zeigt euch ein Bild des Christus. Wenn ihr ihm von Angesicht zu Angesicht begegnet, bemüht euch, in allem so zu handeln und zu denken, wie er gehandelt oder gedacht hätte. Er wäre gütig, liebevoll, mitfühlend und bescheiden. *Der Vater, der in mir ist, tut diese Werke; nicht ich.* Ihr müsst euch auf das Gott-Leben einstimmen und wissen, dass nur das in euch gut ist, was von Gott kommt. Spürt ihr diese Wahrheit? ... *Ich und der Vater sind eins.* Der Christus, der durch Jesus von Nazareth sprach, brachte einen Aspekt Gottes – den Christus oder den Sohn Gottes.

Wer von euch sehnt sich nicht danach, dem Meister zu begegnen? Wie viele hätten gerne zur Zeit des Jesus von Nazareth gelebt und wie dessen Anhänger seine Worte gehört! Wieviel besser sie dann wären und wieviel stärker wäre ihre Kraft zum Guten! Wie einfacher wäre es doch, die Stimme des Christus zu hören!

Viele blicken der zweiten Ankunft des Meisters entgegen und hoffen, dass sich alles ändern wird, wenn er zurückkommt. Die Wiederkunft Christi ist keine neue Vorstellung. Glaubt nicht, dass das Wassermann-Zeitalter, das Zeitalter der Brüderlichkeit, die erste Epoche ist, in der der Friede, nach dem ihr euch sehnt, vorherrscht. Das Leben bewegt sich in Zyklen. In der gesamten Schöpfung gibt es nichts Neues. Das Leben ist Rhythmus, Einatmen und Ausatmen. Was heute ist, war gestern; was morgen kommen wird, kam gestern. Wie es war am Anfang, so auch jetzt und allezeit! Vertieft euch in diesen Satz eures christlichen Gebets. Meditiert darüber, und alle Arten von neuen Gedanken werden kommen. Der Schleier wird dünner werden, und ihr werdet die Bedeutung der Zukunft sehen.

Wir suchen den Meister, unseren Meister! Für diesen kurzen Augenblick wollen wir alles andere vergessen. Mein Meister! Sprecht zu euch selbst. Schließt die Augen und sprecht: „Mein Meister." Macht ihr euch ein Bild von eurem Meister oder fällt es euch leichter, euch irgendeine Darstellung des Jesus Christus vor Augen zu führen und ihn als euren Meister anzunehmen?

Es spielt keine Rolle. Es genügt, einen Meister zu haben und euch danach zu sehnen, ihn oder sie kennenzulernen, diese innige Beziehung zu spüren und zu fühlen, wie ihr in die Aura des Meisters eintaucht. Ihr spürt, dass er oder sie euch kennt und eure Lebenskämpfe versteht. Jedem Versagen begegnet er mit Wohlwollen und schaut freundlich auf euch. Eure Begrenzungen und euer starkes Verlangen nach geistiger Verwirklichung betrachtet er verständnisvoll. Euer Meister kennt euch wie keine auf der Erde weilende Seele euch zu kennen vermag. Er oder sie ist ein Teil von euch. Ist das nicht ein wunderbarer, inspirierender, tröstender und stärkender Gedanke! Spürt ihr die Kraft, die bei diesem Gedanken in euch hineinströmt? Natürlich! Ihr fühlt, wie die Kraft eures Meisters euer Sein durchdringt. Ihr spürt die Belebung, und euer ganzer Körper beginnt zu prickeln und zu schwingen. Die Schwingungen werden durch den Gedanken des Meisters hervorgerufen.

Ihr hofft, eurem Meister zu begegnen, wenn ihr euren physischen Körper verlassen habt. Seid euch dessen nicht allzu sicher. Wenn es euch hier nicht gelingt, euren Meister zu erkennen, ihn euch vorzustellen, wird euch dies auch im Astralkörper schwerfallen. Ihr werdet ihm begegnen, ihn oder sie aber nicht erkennen. Vielleicht trefft ihr euren Meister morgen oder sogar heute Nacht – es ist durchaus möglich. Aber wenn ihr die Vorstellung nicht in eurer Brust tragt, werdet ihr ihn oder sie nicht in einer anderen erkennen.

Wie wird euer Meister erscheinen? Lauscht! Euer Meister mag heute oder morgen durch die Lippen eines anderen zu euch sprechen. Ihr müsst euren Meister suchen. Er oder sie wird nicht hinter euch herlaufen und sich offenbaren. Euer Meister wird nicht sprechen: „Siehe, ich bin dein Meister; folge mir nach!" Nein, es ist eure Aufgabe, ihn oder sie zu finden und ihm oder ihr zu folgen. Es mag lange währen, aber ihr könnt ihm oder ihr mit Sicherheit in diesem Leben von Angesicht zu Angesicht begegnen; und euer Meister kann auch durch irgendein Buch zu euch sprechen. Vielleicht seht und hört ihr ihn oder sie in einem herrlichen Sonnenuntergang oder einem großartigen Musikstück oder in einem wunderschönen Gedicht, in der Botschaft eines Blumenbeets oder in einem Pinienbaum.

172

# DER BEGEGNUNGSORT

Vielleicht hilft es euch zu wissen, dass ihr, ein einfacher Bruder, eine einfache Schwester, mit eurem Meister engen Umgang pflegen könnt. So wie euer höchstes Selbst die vollendetste Menschenform gestaltet; so wie euer höchstes Selbst sich euren Meister vorzustellen vermag, so wird er für euch Wirklichkeit werden. Es ist falsch, euren Meister benennen zu wollen. Diese älteren Brüder der Menschheit haben sich aus dem äußeren Leben in die Stille jenseits der Erde zurückgezogen. Während einige Mitglieder der großen Bruderschaft sich für ihre Arbeit eines irdischen Körpers bedienen, gibt es andere, die aus dem Jenseits wirken, und nur Frauen und Männer, die in ihrer Seele eine vergleichbare charakterliche Schönheit und Liebe entwickelt haben, werden fähig sein, irgendeinen dieser älteren Brüder zu erkennen.

Ihr seht, wie wichtig es ist, sich täglich darum zu bemühen, gütig und Christus ähnlich zu werden. Wir denken immer, die wunderbare Sanftmut des Jesus sei ein großes Vorbild. In dieser Personifikation des Christuslichts, des Sohns des Vater-Mutter-Gottes, können wir uns alle unseren Meister vorstellen. Wir haben dieses Beispiel gewählt, um zu erklären, was wir meinen, aber aus der Tiefe eures Inneren könnt ihr einen anderen sanftmütigen, liebevollen Sohn, eine andere sanftmütige, liebevolle Tochter Gottes Gestalt annehmen lassen. Ihr könnt – was wahrscheinlich der Fall sein wird – eurem Meister auf einer Schwingungsebene begegnen, die sich von der des Meisters Jesus unterscheidet. Alles, was ihr von einem Mann oder einer Frau an Schönheit, Sanftmut, Güte, Reinheit und Vollkommenheit in eurem Geist zu erschaffen vermögt, wird euch zu eurem wahren Meister auf den höheren Bewusstseinsebenen führen. Vielleicht begegnet ihr ihm oder ihr auf einem Berggipfel – dort gibt es viele Einsiedeleien, in denen sich die älteren Brüder der Menschheit aufhalten – aber ihr könnt auch davon ausgehen, ihm oder ihr zuerst in eurem Herzen zu begegnen, durch euer höheres Selbst, euer inneres Bewusstsein, eure stille, leise Stimme.

Denkt daran, ihr werdet euren Meister zuerst in den geheimen Winkeln eures Herzens finden, und wenn ihr ihn oder sie dort gefunden habt, werdet ihr die Stimme eures Meisters kennen, und er oder sie wird euch den Weg weisen, wie ihr eure Brüder und Schwestern auf der Erde behandeln und wie ihr euch in bestimmten Lebenssituationen verhalten sollt. Euer Meister spricht zu euch: „Vertreibt die Angst…seid furchtlos…seid ganz…kennt keinen Wunsch." Und weiter: „Seid diesem Mann oder dieser Frau gegenüber aufrichtig." Wenn das Ideal eures Meisters in eurem Herzen euch dazu veranlasst, dass ihr euch allem, was niedrig, gemein und kleinlich ist, nicht beugt, besonders in den unsichtbaren und unbekannten Dingen; wenn ihr immer handeln könnt, als wäre euer Meister an eurer Seite, und euch verhaltet, wie sich wohl euer Meister verhalten würde, dann nähert ihr euch dem Begegnungsort und ihr werdet ihn oder sie hier auf der Erde von Angesicht zu Angesicht sehen. Aber zuerst müsst ihr den Meister im Innern kennen; ihr solltet ihn oder sie in dieser Weise kennen, bevor ihr hoffen könnt, euren Meister in irdischer Gestalt wahrzunehmen. Ja, die Meister gehen die Straßen euer Großstädte entlang, und ihr werdet sie finden, wenn ihr sie sucht.

Das Leben ist gut; das Leben ist schön! Lasst euch nicht von der Furcht hin und her schütteln. *Es kommt der Fürst der Welt, und er hat nichts gemeinsam mit dem inneren Meister.* In eurem innersten Sein müsst ihr wissen, dass es nichts zu fürchten gibt. Seid ruhig und sucht jeden Augenblick eures Lebens das Erscheinen eures Meisters. Er oder sie hat vielleicht bereits zu euch gesprochen, ohne dass ihr ihn oder sie erkannt habt. Er oder sie hat vielleicht durch irgendeinen uninteressanten Mann oder eine uninteressante Frau in eurem Bekanntenkreis gesprochen. Die Meister rühmen sich nicht ihrer Eigenschaften oder stellen sich selbst zur Schau. *Sucht, so werdet ihr finden; klopft an, so wird euch aufgetan werden.*

## DEN INNEREN MEISTER FINDEN

Tragt das Licht der Liebe des Meisters in die Welt. Die gesamte Offenbarung des Johannes enthält die Geheimlehren der beiden Lebensaspekte – der Lebenden und der Toten; des Richtigen und des Falschen; des Wahren und Unwahren; des Geistigen und des Materiellen. Schreibt die geistigen Dinge nicht eurer Fantasie zu. Lasst die geistigen Wahrheiten Lebenswirklichkeit für euch werden. Lebt nach dem Geist und seht das Wachstum und die Entwicklung des Geistes auf der Erde, bis die Fesseln der Erde brechen und der Materialismus stirbt und der Geist der Gerechten und Wahren in das Herz Gottes aufgenommen werden und es *einen neuen Himmel und eine neue Erde geben wird.*

Die geistige Bruderschaft möchte, dass ihr zwischen eurem wahren, inneren Selbst und eurem äußeren, physischen Leben zu unterscheiden lernt, denn das Unvermögen, das eine vom anderen unterscheiden zu können, trägt viel zu der Verwirrung bei, der ihr euch gegenüber seht. Ihr müsst euer geistiges Wesen täglich sicher, stark und zielgerichtet entwickeln, und zwar durch Meditation und durch die fortwährende Ausübung der Liebe in eurem Alltag.

Zuerst solltet ihr euch um die richtigen Werte bemühen. Lasst euch nicht durch den Unterschied zwischen dem so genannten Materiellen und so genannten Spirituellen verwirren, sondern strebt danach, in dem Bewusstsein zu leben, dass die Kraft des Unsichtbaren euch und die ganze Menschheit auf dem Evolutionspfad unterstützt. Die Welt scheint ein Chaos zu sein. Die Menschheit selbst schafft dieses Chaos. Aus dem Chaos erschafft Gott Schönheit und Vollkommenheit. Ihr seid das Werkzeug Gottes, und ihr könnt und werdet zum Wohl aller Menschen eingesetzt. *Ihr könnt nicht vom Brot allein leben*, das heißt, ihr könnt nicht nach materiellen Gesichtspunkten leben; ihr müsst lernen, darüber hinaus zu schauen und die Süße des Christus-Lebens zu erkennen, nicht nur in guten Menschen, nicht nur in der göttlichen Gemeinschaft, sondern im Bruder und in der Schwester an eurer Seite.

Einige unter euch finden immer noch einen Grund, andere falsch zu beurteilen. Bemüht euch, Intoleranz zu überwinden. Versucht, euch an die Stelle des anderen zu versetzen und fühlt, was sie während ihrer Kreuzigung fühlen. Achtet auf die wahren Werte, einen reinen Blick und ein liebendes Herz.

Mit denjenigen, die ihr „Meister" nennt, Verbindung auf der Astralebene aufzunehmen, geschieht nicht oft, und es kann zu Fehlinterpretationen kommen. Aus diesem Grunde solltet ihr danach streben, mit der höheren Mentalebene in Berührung zu kommen, da ihr auf dieser Ebene zur gegebenen Zeit den älteren Brüdern begegnen werdet. Ihr müsst euch vor allem durch die Meditation schulen. Wir setzen die Meditation an erste Stelle, weil ihr durch sie lernt, euer Bewusstsein über die Astralebene auf die höhere mentale Ebene zu erheben. Wahre Meditation findet auf der höheren Mentalebene statt, und indem ihr sie ausübt, gelingt es euch immer mehr, euer Bewusstsein auf dieser Ebene zu halten und sie von der Verwirrung des Astralen zu unterscheiden.

Wie könnt ihr sicher gehen, diese höhere mentale Ebene zu erreichen? Nun, Jesus gab euch den Schlüssel, als er sagte: *An ihren Früchten werdet ihr sie erkennen*. Eine Botschaft, die aus einer hohen Quelle stammt, besitzt ein auffallendes Merkmal – die Bescheidenheit. Ihr werdet niemals einen wahren Lehrer finden, der Ansprüche erhebt. Wahre Lehrer achten sehr sorgfältig darauf, was sie sagen, und ihr werdet immer eine gewisse Liebe, Bescheidenheit und Güte in ihrer Rede bemerken.

Glaubt ihr, einen Meister oder einen älteren Bruder zu erkennen, der einen öffentlichen Vortrag hält oder neben euch in einem öffentlichen Verkehrsmittel sitzt? Wahrscheinlich nicht. Seht ihr, wie wichtig und wünschenswert es ist, eine Eigenschaft zu entwickeln, die euch befähigt, einen Meister zu erkennen? In euch liegt ein Kraft- und Lichtzentrum und die Möglichkeit, geistig zu wachsen und euch zu erheben, bis auch ihr wie der Meister werdet. Denn heißt es nicht: „Was ich tue, werdet auch ihr vollbringen?" Wir möchten euch dieses Bild immer vor Augen halten.

## DER MEISTER IN EUCH

Es ist für jeden auf der Erde schwierig zu sagen, ob er oder sie ein Meister ist. Die Ebene der Meisterschaft muss durch das irdische Leben erlangt werden. Aus diesem Grunde kehren wir zurück, um euch zu helfen, dies zu verstehen und zu erreichen. Entschuldigt euch niemals damit, dass ihr dazu nicht fähig seid, eure Zeit noch nicht gekommen ist oder es in ferner Zukunft recht sein wird. Haltet euch das Ideal vor Augen.

Dieser Pfad ist euer Pfad; und diejenigen, die kommen, um euch beizustehen, tun es voller Liebe und mit Geduld. Seid nicht entmutigt. Es ist gut, eure Unzulänglichkeiten zu erkennen, denn Bescheidenheit ist ein echter Gefährte auf dem Weg. Haltet eure Füße auf dem Boden, aber erhebt euer Antlitz zum Himmel, denn das Licht, das von oben in euch hineinströmt, wird euren Schritt sicher führen. Vertraut dieser göttlichen, nebelhaften Kraft, die ihr nicht versteht und die ihr für sehr fern haltet. Dieses göttliche Feuer brennt in eurem Sein, und wenn ihr das Antlitz der Sonne entgegenwendet, werden die Sonnenstrahlen diesen individuellen Funken entfachen.

Euch alle erwartet eine herrliche und wunderbare Zukunft. Ihr alle legt das Fundament dieser guten, gesunden und glücklichen Zukunft, die wir auf die Menschheit zukommen sehen. Blickt euch um; und wenn ihr einen guten Impuls, einen positiven Antrieb von einer Person ausgehen seht, werft nicht sogleich ein: „Was wohl dahinter stecken mag!" Haltet an dem Guten fest. Wenn irgendein Regierungschef sich um Frieden und guten Willen bemüht – selbst wenn er oder sie es nicht erkennt oder mit anderen nicht völlig übereinstimmt – helft ihm oder ihr in aufbauender Weise. Wir sprechen von den Weltangelegenheiten, da von nun an diese guten Impulse freigesetzt werden. Ermutigt sie auf den inneren Ebenen, indem ihr an das Gute in jedem Mann und in jeder Frau glaubt, der oder die sich bemüht, auf den Christus-Impuls zu reagieren. *Bin ich denn meines Bruders Hüter?*, heißt es in der Bibel. Ja, in der Tat! Wir alle sind Hüter unseres Bruders, ob auf geistiger Ebene oder auf der

Erde. Viele Menschen werden durch die guten Absichten der so genannten 'Guten' den Berg hinuntergestoßen. Allzu oft haben selbstgerechte gute Absichten zu Blutvergießen geführt und der Menschheit sowie der Tierwelt Leid gebracht. Wirklich gute Absichten entspringen nur dem einfältigen, vertrauenden und gläubigen Herzen.

Der wahre Bruder oder die wahre Schwester erkennt, dass jede arme, gefallene Seele den Gottesfunken enthält, der zum Leben entfacht werden muss. Leider treiben viele ihre Brüder in die Dunkelheit. Die einzige Erlösung für die Welt ist Gott im Mann und Gott in der Frau. Ihr könnt euch entscheiden, ob ihr Gott in euch eintreten lasst und er euch benutzt, eure Gefährten zu lieben und zu unterstützen – oder den Teufel, um zu verdammen und zu zerstören. Der Pfad des wahren Bruders und der wahren Schwester, die danach strebt, eine Meisterseele zu werden, ist offensichtlich.

Die Meisterseele ist die sanfte Seele, die weise, liebende und mitfühlende Seele, geduldig im Unglück, die niemals das Vertrauen in Gott und die Engel verliert. Unser letzter Rat ist einfach: Liebe deinen Nächsten und liebe dich selbst. Tut ihnen und denjenigen, die euch hassen, Gutes. Tut eurer eigenen Seele Gutes, indem ihr euch nicht übermäßig sorgt, sondern euch an die weisen Gesetze des rechten Lebens, Essens und Denkens haltet. Sorgt für möglichst reine und ordentliche Verhältnisse in eurem Heim und in der Umgebung. Bedenkt die Prüfungen und Schwierigkeiten im Leben einer anderen Person, die sie vielleicht reizbar und hart sein lässt. Begegnet Streit mit Güte und Liebe und denkt daran, dass sich eure Gefährten ebenso verletzt und gereizt fühlen mögen wie ihr. Ehe ihr nicht mit dem Gefühl eurer Gefährten zu fühlen vermögt, könnt ihr keine Meisterseele sein.

Dies, meine Freunde, ist die Bedeutung der uralten Lehre von der Einheit allen Lebens. Sie ist ein Teil eurer menschlichen Beziehungen in jedem Augenblick eures Alltags. Wir wissen, dass ihr es nicht alles auf einmal schaffen könnt, aber bemüht euch, und indem ihr euch selbst aufrichtet, erhebt ihr alle Menschen.

Es fehlt uns leider an Worten, um die herrliche Gestalt der Meisterseele zu beschreiben. Vielleicht können wir euch eine Ahnung von dieser Herrlichkeit vermitteln, wenn wir sie mit einem Schmuckstück vergleichen. Stellt euch also eine Schmuckkassette vor; öffnet sie und seht auf einem weichen Kissen ein unsagbar schönes, goldenes Kleinod wie Feuer funkeln. Es strahlt in alle Richtungen. Nun könnt ihr euch vielleicht in etwa vorstellen, welche Herrlichkeit von einer Meisterseele ausgeht. Haltet dieses Bild immer vor Augen und denkt daran, dass ihr trotz eurer Begrenzungen und Unzulänglichkeiten erschaffen seid, um eines Tages selbst dieses wunderbare Juwel zu werden. Wie die Blumenzwiebel in der dunklen Erde wächst und ihren Kopf schließlich der Sonne entgegenstreckt – eine wunderbare Blume – so schlummern in jeder Menschenseele die Eigenschaften, eine Meisterseele zu werden, ein vollkommenes Kleinod.

Wenn ihr an einem See (in der geistigen Welt) steht und die Widerspiegelung des Guten und Schönen betrachtet, erkennt ihr eure eigene Widerspiegelung und seht euch im Vergleich zu Gott und der göttlichen Manifestation der Wahrheit. Und so erhaltet ihr den Edelstein der Wahrheit. Dann leuchtet der Tautropfen im Innern der Lotosblume.

Wir haben uns bemüht, euch ein Bild der Meisterseele zu zeichnen. Diese Meisterseele werdet ihr einmal werden. So hart eure Probleme und Schwierigkeiten auch sein mögen, sie besitzen ihre Bedeutung und ihren Wert, denn indem ihr sie mutig und im Vertrauen auf die Liebe und Weisheit eures Schöpfers bewältigt, nähert ihr euch jenem vollkommenen Zustand und der goldenen Gottesstadt. Darüber hinaus werdet ihr der ganzen Menschheit helfen, das so genannte Goldene Zeitalter zu erreichen.

## DIENEN

Eine Gruppe von Pilgern suchte einen Meister, von dem es hieß, er besäße große Weisheit und werde ihnen helfen, den Himmel zu finden. Nach einer langen, mühevollen Reise erreichten sie eine Gebirgshöhle, in der dieser Meister saß und meditierte. Nach einer Zeit der Vorbereitung durften sie eintreten. Der heilige Mann blieb in der Meditation versunken – es wurde kein Wort gesprochen. Als sie sich niedergelassen hatten, erhob er sein Antlitz, und sie sahen, dass nicht nur von diesem, sondern von seinem ganzen Sein ein Licht ausging, das sie durchdrang, so dass auch sie und sogar ihre Kleidung in diesem Licht erstrahlten. Sie nahmen seine Schönheit in sich auf und versanken in der Herrlichkeit dieses himmlischen Lichts.

So erwartet man auch von euch, dass jeder Einzelne im Laufe seiner Entwicklung von der Heiligkeit und Liebe des Meisters durchdrungen wird und seine oder ihre Güte und Liebe in die Welt trägt. Ist dies zuviel verlangt? Wir wissen, es fällt euch nicht leicht, denn die Welt mag grausam und hart erscheinen, aber sie wird von einer leidenden Menschheit bevölkert, und diejenigen, die in euren Augen grausam und hart zu sein scheinen, bedürfen dieses Lichts, das ihr ihnen bringen könnt. Ihr seid nicht nur ein Gefäß des Lichts, vielleicht wie eine kleine Altarlampe, sondern ihr seid in der Lage, die Lampe eures Bruders oder eurer Schwester wieder anzuzünden.

Die Unendlichkeit oder Ewigkeit vermögt ihr nicht zu begreifen, aber ihr könnt zuhören, wenn wir erklären, dass tief in eurem Innern, auf den inneren Bewusstseinsebenen, Welten von unbeschreiblicher und unglaublicher Vollkommenheit liegen. Wenn ihr gelernt habt, euch selbst, eure Emotionen, Ängste und Unruhen zu beherrschen und euch still vorbereitet, werdet ihr durch euren freien Willen und aus eigener Kraft in die Herrlichkeit einer Welt von vollkommener Farbe und Harmonie eintreten; in eine Welt der Musik; eine Welt des Guten, in eine Welt, in der alles reibungslos seinen festgelegten Platz einnimmt. Johannes beschrieb das neue Jerusalem, die mit Gold gepflasterte, goldene Stadt, deren Tore mit strahlenden Edelsteinen geschmückt sind. Es ist nichts anderes als die Beschreibung eures inneren Selbst – ihr bildet den Tempel, eure Chakras formen die mit Edelsteinen übersäten Tore und euer Herz ist der Thron, auf dem der König und die Königin thronen.

Johannes, Seele der Menschheit, wir lieben dich! Mögen wir folgen, wohin du uns führst. Mögen wir ein tieferes Verständnis gewinnen! Mögen alle unsere Brüder jenseits des Schleiers blicken und sehen, was jeden Einzelnen erwartet – die vollkommene Vereinigung der Seele und des Geistes.

# WHITE EAGLE

White Eagle/Grace Cooke
Der Pfad der Einweihung

Grace Cooke schildert aus ihrer
heutigen Rückschau heraus ihre
früheren Erdenleben unter der
geistigen Führung des damals
verkörperten White Eagle. Sie
enthüllt in ihrer faszinierenden
Lebensgeschichte die verborgenen
Gesetzmäßigkeiten von Reinkarna-
tion und Karma und die zeitlos
gültigen Gebote des „Pfades der
Einweihung".

ISBN 3-922936-22-9
Gebunden, 190 Seiten

White Eagle
Die verborgene Weisheit
des Johannes-Evangeliums

In dieser vollständigen Kommentie-
rung des Johannes-Evangeliums, der
mystischsten Schrift des Neuen
Testamentes, legt White Eagle das
Fundament seiner Botschaft nieder. In
seiner unnachahmlichen Güte und
Weisheit erklärt er die Gleichnisse und
Aussprüche Christi, die in seiner
Auslegung eine neue Tiefe und
Sinnhaftigkeit gewinnen.

Niemand, der sich um ein tiefes
Eindringen in das Leben und die
Botschaft Christi bemüht, wird dieses
Buch ohne Gewinn und neue,
beglückende Einsichten aus der Hand
legen.

ISBN 3-922936-44-X
Gebunden, 232 Seiten

DIE WEISSE BRUDERSCHAFT